Catherine Cullen

Robert

London

interconnections

London

Catherine Cullen

interconnections
Georg Beckmann

Impressum

Catherine Cullen, London

Übersetzung: Josi Adler
Lektorat: Claus Stefan Becker
Herausgeber: Georg Beckmann
interconnections, 7800 Freiburg, 1991

ISBN: 3-924586-94-2

Inhalt

Ein Puzzle

Die Engländer erfanden London, die Londoner wiederum erfanden das Puzzle. Im Jahre 1760 kam der Graveur und Landkartenspezialist John Spilsbury auf den Gedanken, seinen Kunden »zusammensetzbare Karten« anzubieten: er druckte sie auf eine Holzplatte und zersägte diese in unregelmäßige Teile, um Kinder auf spielerische Weise mit der Geographie vertraut zu machen. Damals nahm die britische Vorliebe für hölzerne Puzzles ihren Anfang.

Die Stadt London selbst fügt sich puzzleartig aus einzelnen Dörfern zusammen. Im Unterschied zu anderen europäischen Metropolen fehlt ihr ein Mittelpunkt. London besteht aus einer Finanzstadt – der City of London – und

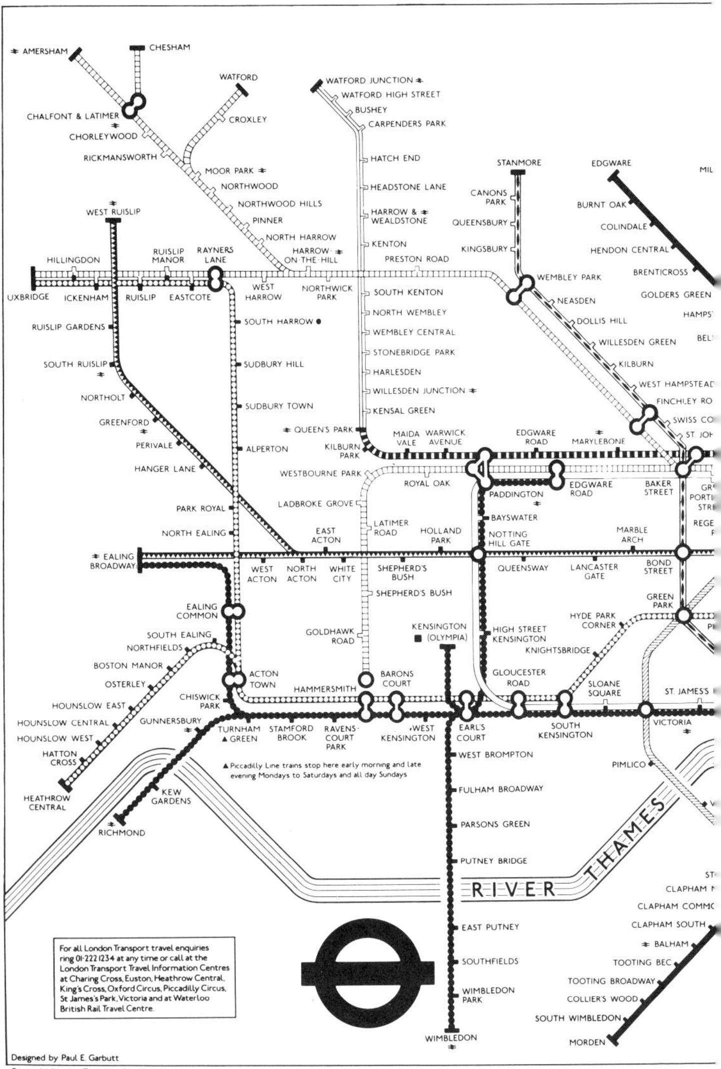
AMERSHAM
CHESHAM
WATFORD
WATFORD JUNCTION
WATFORD HIGH STREET
BUSHEY
CARPENDERS PARK
CHALFONT & LATIMER
CROXLEY
CHORLEYWOOD
RICKMANSWORTH
MOOR PARK
NORTHWOOD
NORTHWOOD HILLS
PINNER
NORTH HARROW
HATCH END
HEADSTONE LANE
HARROW & WEALDSTONE
KENTON
STANMORE
CANONS PARK
QUEENSBURY
KINGSBURY
EDGWARE
BURNT OAK
COLINDALE
HENDON CENTRAL
BRENTICROSS
GOLDERS GREEN
WEST RUISLIP
HILLINGDON
RUISLIP MANOR
RAYNERS LANE
HARROW-ON-THE-HILL
PRESTON ROAD
UXBRIDGE
ICKENHAM
RUISLIP
EASTCOTE
WEST HARROW
NORTHWICK PARK
SOUTH KENTON
NORTH WEMBLEY
WEMBLEY CENTRAL
STONEBRIDGE PARK
HARLESDEN
WILLESDEN JUNCTION
KENSAL GREEN
WEMBLEY PARK
NEASDEN
DOLLIS HILL
WILLESDEN GREEN
KILBURN
RUISLIP GARDENS
SOUTH HARROW
SOUTH RUISLIP
SUDBURY HILL
NORTHOLT
SUDBURY TOWN
GREENFORD
PERIVALE
ALPERTON
QUEEN'S PARK
KILBURN PARK
MAIDA VALE
WARWICK AVENUE
EDGWARE ROAD
MARYLEBONE
HANGER LANE
WESTBOURNE PARK
ROYAL OAK
PADDINGTON
EDGWARE ROAD
BAKER STREET
LADBROKE GROVE
BAYSWATER
PARK ROYAL
LATIMER ROAD
HOLLAND PARK
NOTTING HILL GATE
MARBLE ARCH
NORTH EALING
EAST ACTON
EALING BROADWAY
WEST ACTON
NORTH ACTON
WHITE CITY
SHEPHERD'S BUSH
QUEENSWAY
LANCASTER GATE
BOND STREET
SHEPHERD'S BUSH
GREEN PARK
EALING COMMON
HYDE PARK CORNER
SOUTH EALING
GOLDHAWK ROAD
KENSINGTON (OLYMPIA)
HIGH STREET KENSINGTON
NORTHFIELDS
KNIGHTSBRIDGE
BOSTON MANOR
OSTERLEY
ACTON TOWN
BARONS COURT
GLOUCESTER ROAD
SLOANE SQUARE
HAMMERSMITH
ST. JAMES'S
HOUNSLOW EAST
CHISWICK PARK
HOUNSLOW CENTRAL
GUNNERSBURY
TURNHAM GREEN
STAMFORD BROOK
RAVENSCOURT PARK
WEST KENSINGTON
EARL'S COURT
SOUTH KENSINGTON
VICTORIA
HOUNSLOW WEST
HATTON CROSS
WEST BROMPTON
PIMLICO
▲ Piccadilly Line trains stop here early morning and late evening Mondays to Saturdays and all day Sundays
FULHAM BROADWAY
HEATHROW CENTRAL
KEW GARDENS
RICHMOND
PARSONS GREEN
PUTNEY BRIDGE
RIVER THAMES
CLAPHAM SOUTH
EAST PUTNEY
BALHAM
SOUTHFIELDS
TOOTING BEC
TOOTING BROADWAY
WIMBLEDON PARK
COLLIER'S WOOD
SOUTH WIMBLEDON
MORDEN
WIMBLEDON
For all London Transport travel enquiries ring 01-222 1234 at any time or call at the London Transport Travel Information Centres at Charing Cross, Euston, Heathrow Central, King's Cross, Oxford Circus, Piccadilly Circus, St James's Park, Victoria and at Waterloo British Rail Travel Centre.
Designed by Paul E. Garbutt

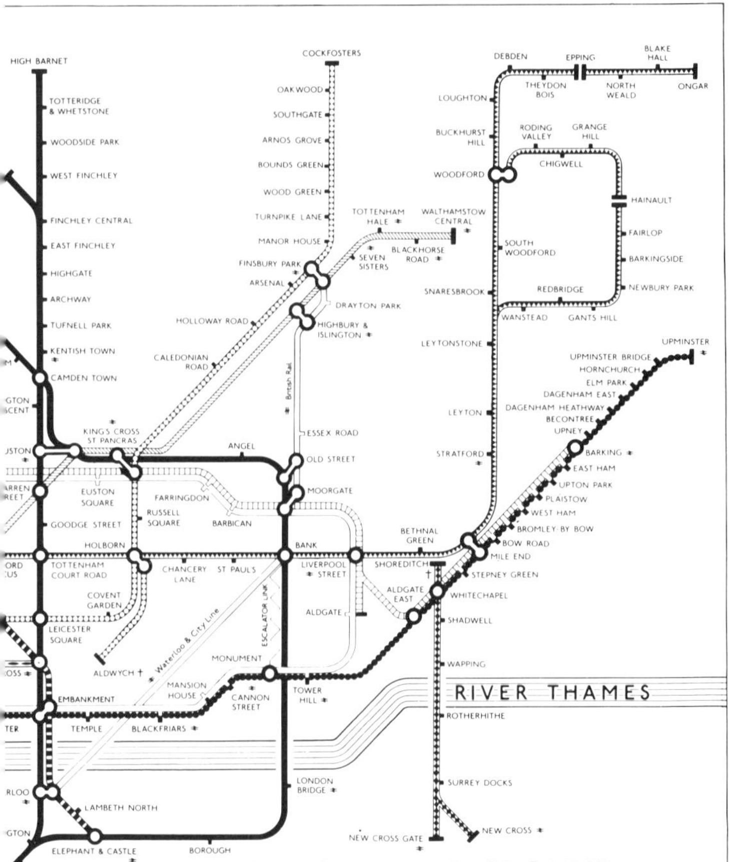

THE LONDON UNDERGROUND

Lines: VICTORIA, CENTRAL, CIRCLE, DISTRICT, METROPOLITAN, NORTHERN, BAKERLOO, PICCADILLY, JUBILEE

East London Section

Peak journeys only
Main service BR

umsteigen

* Verbindungen mit British Rail
Geöffnet von Montag bis Freitag zu Hauptverkehrszeiten
Einige Bahnhöfe sind auch feiertags geschlossen.

der politischen Hauptstadt – der City of Westminster. Die rundherum angeordneten Wohngebiete haben nicht nur ihren Klassencharakter bewahrt, wie anderswo auch. Vielmehr spiegeln sich die einstigen Stände und Trennungen nach Berufen in den Stadtvierteln wider, die teils von Juristen, teils von Geschäftsleuten, Finanziers, Politikern und Theatervolk geprägt sind.
Der vorliegende Band enthält insgesamt neun Teile des großen Londoner Puzzles. Wie sie sich ineinanderfügen, ist aus dem Stadtplan ersichtlich. Auch ein ausgedehnter Aufenthalt dürfte kaum genügen, um das Gemälde von Großlondon zu vervollständigen, das immerhin fast die doppelte Fläche von Berlin einnimmt und über sieben Millionen Einwohner zählt.

Vade-mecum

Wer sich in dieser Weite nicht verlieren möchte, sollte mindestens drei Ratgeber stets zur Hand haben: das Straßenverzeichnis, *London von A bis Z,* um die rund einundzwanzig verschiedenen Gloucester-Straßen in London auseinanderzuhalten und zudem die Unterschiede zwischen Gloucester Road, Gloucester Gardens, Gloucester Mews, Gloucester Square, Gloucester Terrace und Gloucester Street zu lernen, die bisweilen kilometerweit auseinanderliegen. Zweitens empfiehlt sich der Kauf der neuesten Ausgaben von *Time Out* oder *City Limits,* die ebenso ausführlich wie unterhaltsam sind. Das reiche Kulturangebot führt einen vom klassischen Theater zum experimentellen Schauspiel, von Gedichtlesungen zu karibischen Trommlern, von musikalischen Komödien zu Schwulen-Veranstaltungen.

In *Time Out* findet sich auch ein Verzeichnis der Pubs, in denen regelmäßig Rock- und Jazzgruppen auftreten, eine Liste der Nachtbars sowie die Termine von religiösen und politischen Vorträgen und Zusammenkünften, Sportveranstaltungen und traditionellen Darbietungen. Schließlich funktioniert das »Sesam- öffne-dich«-Spiel in London nicht ohne ausführliche Fahrpläne für U-Bahn (underground, tube) und Bus, denn ein Hochsitz auf dem Doppeldecker ist und bleibt die lohnendste Art, sich in der Stadt umzusehen oder die Dörfer anzufahren und einen Überblick der Sonderbarkeiten im Londoner Alltag zu gewinnen.

Die U-Bahn taucht uns sofort, wenn nicht gar unwiederbringlich, in das »wahre« London. Anders als die nach sozialen Schichten getrennten Wohnviertel faßt ein U-Bahn-Wagen einen Querschnitt der verschiedenen Bevölkerungsgruppen: von kerzengeraden Geschäftsleuten in tadellos sitzenden, dreiteiligen Anzügen, vertieft in die Lektüre der *Financial Times*, bis hin zu den Londoner Armen, die bisweilen nicht einmal ordentliches Schuhwerk besitzen. Hier hört man die Sprachen aus dem gesamten Commonwealth, aber auch die größte Vielfalt englischer Mundarten, des *accents*, wovon ein jeder dem geübten Ohr Herkunft, Landsmannschaft, Klassenzugehörigkeit, Ausbildung und derzeitige Situation seines Besitzers verrät. Zum großen Leidwesen all jener, die perfekt Englisch lernen möchten, existiert eben gerade keine Standardaussprache. Der berühmte BBC-Akzent wird vor allem bei BBC (British Broadcasting Station) selbst gepflegt, und hier auch nur von den Nachrichtensprechern.

Ästhetik

Paris war einem Ausspruch von Montesquieu zufolge eine schöne Stadt, die Abscheuliches in sich barg. Analog dazu wäre London eine häßliche Stadt, in der sich manch Schönes finden läßt. Wohl besticht sie nicht durch architektonische Harmonie, denn ebenso wie das linguistische Zentrum fehlt in England der autoritär gelenkte Urbanismus nach Art eines Haussmann wie in Paris. Stattdessen erweckt London den Anschein eines zufälligen, unförmigen Ballungsgebietes ohne Bezugspunkt und Symmetrie. Weil sich die architektonische Gestaltung auf das Nordufer konzentriert, tritt das Ungleichgewicht noch deutlicher hervor. Wohl hat die Themse Turner und Whistler inspiriert sowie zahlreiche durchreisende Maler, deren berühmtester ohne Zweifel Canaletto war, doch schlägt auch sie einen Bogen um das »Zentrum«. Die industrielle Revolution hat die im 18. Jahrhundert gefeierte Pracht der Ufer eingeschwärzt. Der Strom ist nur noch zu bestimmten Tageszeiten schön, an bestimmten Orten: zum Beispiel an der Waterloo-Brücke oder dem Chelsea Embankment.

Enttäuschung bis Entsetzen erfaßt den Besucher unweigerlich angesichts »touristischer« Attraktionen wie Piccadilly und Leicester Square. Das Beste in London trifft man meist unerwartet dort, wo Stil, Material und Anordnung merkwürdig-bemerkenswerte Verbindungen eingegangen sind: die Biegung einer schummrigen Allee mündet unverhofft in alte Pferdeställe und in kleine Straßen, deren Puppenhäuschen mit bunten Türen und Fenstern von üppigen Parkbäumen beschattet werden. Dahinter sticht die Silhouette eines riesigen, post-modernen Gebäudes vom düsteren Himmel ab.

Ein Streifzug durch London ist vergleichbar mit dem Stöbern zwischen alten Theaterkulissen, wo klassische Eleganz, bürgerlicher Protz und proletarisches Elend dicht beieinanderliegen. Rote Ziegel und schwarze Eisenstiegen im Hinterhof, weißer Stuck und leuchtende Farben an der Gartenfront – in London begegnet man solch heftigen Kontrasten zwischen heute und gestern auf Schritt und Tritt. Sie gehören übrigens zu den bemerkenswertesten Zügen dieser in fortwährender Erneuerung sich verjüngenden Stadt. Eine weitere Besonderheit Londons sind seine kleinen Plätze, die Squares, Terrassen und Gärten, die selbst in verlottertem Zustand immer noch schön sind.

Die Londoner

Das wichtigste für einen Londoner ist freilich nicht die Stadt, sondern es sind ihre Einwohner. London ist stolz auf seine Menschen, ob sie nun berühmt sind oder unbekannt, tot oder lebendig. Selbstverständlich werden die bedeutenden Persönlichkeiten aus Geschichte, Literatur, Kunst und Wissenschaft gewürdigt, weisen Gedenktafeln aus Keramik auf die Stätten ihres Wirkens hin (im Anhang die Liste der bekanntesten »blauen Tafeln«).

Der Volksmund bezeichnet die Engländer als kühl, zurückhaltend, phlegmatisch usw. Doch von welchen Engländern ist hier die Rede? Lauschen wir hierzu einem Dialog nach Doris Lessing:

»Ich habe einen Anruf von einer Freundin erhalten, die kürzlich vom Kap kam.

– Hey, Doris, sagte sie, wie geht's Dir und wie kommst Du mit den Engländern aus?

– Nun, ich habe leider noch keinen gefunden. London ist voller Ausländer.

– Ja, ich verstehe, was Du meinst. Ich habe aber einen getroffen! Wirklich. Es war in einem Pub. Als ich ihn sah, wußte ich sofort, daß er ein richtiger war. Groß, asketisch, reserviert. Vor allem aber trug er alle Anzeichen stolzer, introvertierter, magenverkrampfender Melancholie zur Schau. Wir redeten über das Wetter und die Welt, über die Arbeiterpartei. Schließlich platzten meine Freundin und ich heraus: »Endlich haben wir einen Engländer getroffen!« Da richtete er sich mit blitzenden Augen auf und verbesserte uns nicht ohne Nachsicht, aber doch ziemlich von oben herab: »Ich bin kein Engländer, ich habe eine walisische Großmutter« ...
»Die traurige Wahrheit liegt darin, daß die Engländer die bedrohteste Minderheit auf Erden sind. Man hat es ihnen so eingebleut, daß ihre Küche, ihr Heizungssystem, ihr Liebesleben, ihr Auftreten im Ausland und ihr Benehmen zuhause unter aller Kritik sind, daß sie sich beim Anblick eines Fremden sofort tarnen.«

Wenn es stimmt, daß die Engländer so komplexbeladen sind, daß sie sogar ihre Abstammung verleugnen, dann zeigen sie sich bei anderer Gelegenheit aber doch vertrauensvoll, selbstbewußt und sogar gefällig. Ihr Bürgersinn ist sprichwörtlich und wird durch zahlreiche kleine Anekdoten belegt, für die jeder Londoner ein Faible hat. Etwa die Geschichte einer hochschwangeren Frau, die eines Tages im Doppeldecker-Bus Wehen bekam, worauf der Fahrer wendete (gar nicht so einfach im Londoner Verkehr!) und mitsamt allen Fahrgästen zum nächsten Krankenhaus sauste ...
Es gibt sie, die englische Freundlichkeit. Sie ist besonders spürbar in London und überschreitet die Klassen- und Völkergrenzen. Sie brauchen nur auf dem Bürgersteig stehenzubleiben, ein Hochhaus zu betrachten, oder den Regen oder ein beliebiges Detail, um sie herauszufordern: »Kann

ich Ihnen helfen? Haben Sie sich verirrt? Suchen Sie etwas?« In dieser Stadt, deren Ausmaße jedem das Recht gibt, sich einmal zu verlaufen, wird man Ihnen bereitwillig den richtigen Weg weisen, ja, man wird Sie sogar dorthin führen.

Verlassen Sie sich auch ruhig auf die Ehrlichkeit der Londoner – eine zwar schwindende, aber noch immer recht beeindruckende Tugend. Wer sich von den unbeobachteten Zeitungsstapeln an den Straßenecken oder vor den U-Bahnhöfen bedient, wird den Kaufpreis stets in die dabeistehende Blechkasse einwerfen. Milch und Sahne, am frühen Morgen auf den Türschwellen abgestellt, werden dort auch später von ihrem rechtmäßigen Besitzer vorgefunden. Andersherum: wer vor dem Einsteigen in die U-Bahn einen Fahrschein zu lösen vergessen haben sollte, kann dies selbstverständlich auch nachträglich noch tun. Und wer behauptet, nur eine Station vorher zugestiegen zu sein, dem wird auch dies aufs Wort geglaubt!

Mikrokosmos des Empires

London könnte ein Freilichtmuseum des Industriezeitalters sein. Nahezu jede Straßenecke legt Zeugnis davon ab. Leider erblicken manche Besucher darin nur die Spuren einer glorreichen Vergangenheit und übersehen dabei, daß die Welt, die sie einst eroberten, die Engländer ganz einfach nach Hause zurückbegleitet hat. Als Folge davon ist London gegenwärtig eine der kosmopolitischsten Städte überhaupt. Seit den fünfziger Jahren wandern Menschen aus allen Teilen des Commonwealth ein – aus den englischen Antillen, Indien, Pakistan, Bangladesh und Ostafrika. Sie ziehen ihren Nutzen aus der multikulturell orientierten Politik der linksextremen Bastion, die seinerzeit vom *Greater*

London Council verkörpert, seither aber durch die konservative Regierung abgeschafft wurde. Die britische Hauptstadt ist somit ein Mikrokosmos ihres Weltreiches geworden und spiegelt alle Licht- und Schattenseiten davon, vom Kulturaustausch bis hin zu gegenseitiger Ablehnung und zum Rassismus.

Von den heute hier lebenden Einwanderern kamen die ersten im Jahre 1948 an Bord eines alten Frachtdampfers aus Jamaika. Er hatte 492 junge, hoffnungsvolle Menschen geladen, die heute als die »Gründerväter« der antillischen Gemeinschaft in London bekannt sind. Die meisten von ihnen besaßen nicht mehr als fünf Pfund Sterling und besassen keine blasse Vorstellung von dem, was sie in England erwarten mochte. Unterkunft fanden sie in alten Kriegsbaracken auf dem Südufer, in Clapham und Brixton. Arbeit gab es genug in den fünfziger Jahren, so daß die Einwanderung jeden Monat um Tausende zunahm, bis die im Commonwealth geborene Bevölkerung Londons über eine Million Menschen zählte. Ein beträchtlicher Teil gehört zu der Gruppe aus Jamaika, die sich rund um den Landungsplatz ihrer Pioniere in Clapham und Brixton etabliert hat.

Doppeldecker

Steigen wir in den Bus – nein, springen wir vielmehr auf die Plattform und klammern uns an der Stange in der Mitte fest. Der »conductor« – was soviel heißt wie Schaffner – bittet bald darauf mit einem lauten »Fares, please!« um Aufmerksamkeit und erkundigt sich damit zugleich nach unserem Fahrziel. Dann nimmt er einen komischen klikkenden Apparat in Betrieb und fördert einen langen Papierstreifen zutage (oftmals sammeln Schüler solche Fahrscheine mit der Zahl 7; übrigens wird allerhand Krims-

The Daily
Chronicle
£1,250,000
GIFT

krams gesammelt, von Zugseriennummern angefangen bis zu alten Münzen vom Themseufer, wobei letztere Tätigkeit fröhlich als »mudlarking«, also Schlammstochern, bezeichnet wird), und bedankt sich bei uns mit »Thanks love« oder »Thanks ducks« in typischer Cockney-Manier. Die besten Sitzplätze sind auf dem Oberdeck ganz vorne. Da Rauchen ist übrigens seit Ende 1990 auch auf den hinteren Plätzen verboten. Es empfiehlt sich, mit einer »Capitalcard« (sieben Tage lang gültig) oder einer »Travelcard«, auf bestimmten Strecken gültig, den Bus zu nehmen und einfach bis zur Endhaltestelle mitzufahren – Sightseeing quer durch alle möglichen Stadtviertel. Dabei offenbart sich die erstaunliche Vielfalt von London: Chelsea ist nicht mit der Innenstadt zu vergleichen, und es gibt wohl kaum etwas Unvergleichlicheres als Bayswater und Whitechapel.
Manche Busstrecken sind von besonderem Anziehungskraft, etwa die Linie 19 mit dem Spitznamen »class system

bus«, weil ihre Route durch die Wohngebiete aller britischen Gesellschaftsschichten führt. Die Linie 11 hat einen tadellosen moralischen Ruf, wenn man der Schriftstellerin Elisabeth Bowen glauben darf: Der Bus fährt bei Shepherd's Bush los, worüber es noch nie Schlechtes zu sagen gab – streift kurz die unschuldige Bohème von Chelsea – nimmt die Einkaufsbummler bei Peter Jones auf – läßt Pimlico hinter sich, bevor der leiseste unzüchtige Gedanke aufkommen kann – fährt dann bis dicht an die Pferdeställe der Krone, den Victoria-Bahnhof, Westminster Abbey und die Parlamentsgebäude – und steuert würdevoll durch Whitehall. Nach einer unvermeidlichen aber kurzen Begegnung mit dem Laster entlang der Strand begibt er sich in die Liverpool Street und durchquert die vornehmen und seriösen Viertel der City. Abgesehen von ihren offensichtlichen moralischen Qualitäten ermöglicht die Linie 11 das Kennenlernen einiger der interessantesten Londoner Viertel. Beachten Sie auch die Linien 6 und 9 zwischen der City und Bank sowie die Linie 15 zum Londoner Tower. Diese Fahrt durch das Herz der Stadt, den ersten Teil unseres Puzzles, führt auch gleich in den zweiten Teil und beschreibt eine repräsentative Schleife durch London.

Wetterunbilden

Andere Länder haben ein Klima, England hat ein Wetter. Und wer wüßte nicht, daß die Engländer am liebsten darüber reden – über das Wetter eben. Dazu gehört auch, daß »to weather« übersetzt »ertragen« bedeutet. Verständlich, daß die wichtigste Herausforderung für einen Engländer »to weather the weather« ist, nämlich tapfer den dauernden Regen auszuhalten. Sicherlich herrschen oft mildere Temperaturen als auf dem Kontinent, doch sind das schlechte

Wetter und der Regen nasse Tatsache. Es gehört schon Glück dazu, bei einem Aufenthalt in London mit einem vorübergehenden Regenguß davonzukommen. »If you can't beat them, join them« (wenn sie stärker sind als Du, schließe Dich ihnen an) sagt das Sprichwort und das gilt nirgends mehr als für die landläufige Einstellung gegenüber dem Wetter in England: Ein übermächtiger Gegner wird am besten ignoriert, und deshalb harren Cocktailparty-Gäste im strömenden Regen aus, werden Picknicks unter Regenschirmen veranstaltet, erfand man die Wellington-Boots, die Mackintosh-Regenmäntel und den »brolly« (englischer Kosename für *umbrella,* Schirm), ganz zu schweigen von unzähligen fröhlichen Liedern über das Wetter, angefangen bei Kinderreimen wie diesem:

Dr. Foster went to Gloucester
In a shower of rain
He stepped in a puddle
Up to his middle
And never was seen again

Doktor Foster fuhr nach Gloucester,
Unterwegs regnete es immer fester,
Er fiel in eine große Pfütze
Versank darin bis auf die Mütze
Und ward nie mehr gesehen.

Der verbissene Trotz gegen das Wetter, das in London so plötzlich umschlagen kann, ist zweifellos der Ursprung der typisch englischen, heldenhaften Beharrlichkeit, mit der feindlichen Eindringlingen ebenso wie Naturkatastrophen begegnet wurde. Überall finden wir diese Haltung wieder. Zu den jüngsten Beispielen gehört die Reaktion auf die Verwüstungen, die ein Orkan am 16. Oktober 1987 in Sussex, Kent und London anrichtete. Dabei waren fünfzehn

Millionen Bäume entwurzelt und der berühmte Londoner Park Kew Gardens zerstört worden. Überall meldeten sich zahlreiche Freiwillige für Räumungs- und Instandsetzungsarbeiten auf den Straßen und öffentlichen Plätzen, in den Parks und den Wäldern.

Kindheiten

Was macht die englische Erziehung aus – und folglich die englische Bildung? Da sind zunächst die Kinderreime, die jedes englischsprachige Kind hersagen oder -singen kann und deren geschichtlichen oder politischen Inhalt man erst später verstehen lernt: die Erinnerung an die Schwarze Pest in »Ring a ring a roses«[1], an den Admiral Nelson in »Humpty Dumpty« usw. Zweitens gehört zur englischen Erziehung das Aushalten von Widrigkeiten, was als Grundlage des britischen Wesens bezeichnet werden kann. Die Kinder werden darin geübt, gelassen auf Demütigungen, Hindernisse und Schwierigkeiten aller Art zu reagieren. Sie lernen die Kunst der »stiff upper lip« – keine Miene zu verziehen, aber auch das »Fair Play«, die moralische Überlegenheit des »Einzelnen gegen alle« und die Tugenden des »underdog«, des Letzten auf der sozialen Rangleiter. Als unverzichtbar gilt schließlich auch die Wahrung des ironischen

---

[1] Ring a ring a roses, a pocketful of posies, a tissue, a tissue, we all fall down. Die Rosen stellen die Ringe um die Augen dar, ein Strauß Lavendel und ein Tuch vor dem Mund sollen vor der Ansteckung schützen.
Humpty Dumpty sat on a wall, Humpty Dumpty had a great fall. All the King's horses and all the King's men, couldn't put Humpty together again. Obwohl dieser Nursery Rhyme älter ist, wird er oft mit Admiral Nelson assoziiert, da dieser in der Schlacht bei Trafalgar einen Arm verlor.

Humors. »Tongue in cheek« sagt man auf Englisch. Ein echter Engländer muß zugleich Anarchist und ordnungsliebend sein, leidenschaftlicher Individualist und ein Beispiel an Solidarität und Bürgersinn. Diese Paradoxe sind aus der nationalen Tradition zu erklären.

Erster Teil

Die City

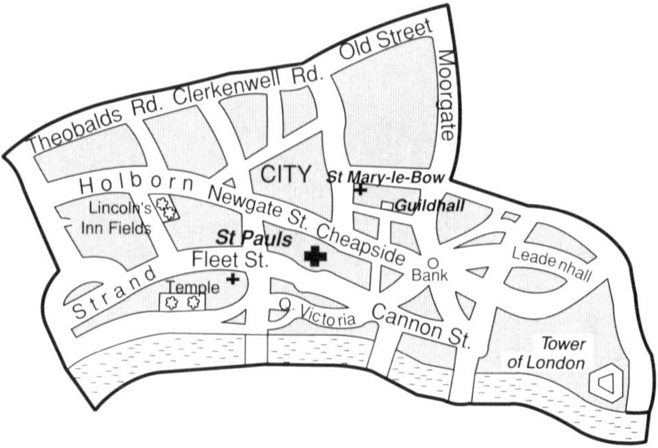

Paradoxerweise wirkt die City als ältester Stadtteil Londons am modernsten. Die außergewöhnliche »Quadratmeile« verbindet und symbolisiert Großbritannien insgesamt. Die City enthält das historische London, seine rechtlichen, wirtschaftlichen und religiösen Facetten – alles eigentlich, bis auf das Königshaus, die Politik und das Familienleben.

Offizielle Besuche in der City muß die englische Königin sich vom »Lord Mayor« genehmigen lassen. Alsdann ist es ihr gestattet, in einer bestimmten Zeremonie »den Schlagbaum des Tempelbezirks zu überschreiten«, so genannt nach einem der alten Stadttore, wo ihr der Lord Mayor die

Schlüssel zur City und seinen eigenen Degen überreicht.

Bis ins 18. Jahrhundert hinein bestand London nur aus der City im Schutze der alten Mauern mit den sieben Toren: Billingsgate, Aldgate, Moorgate, Bishopsgate, Cripplegate, Newgate, Ludgate. Heutzutage bezeichnen diese klangvollen Namen ebensoviele U-Bahn-Stationen. In der Westminster-City hingegen hatte die Monarchie ihren Sitz, und beide Städte waren wohl getrennt, ebenso wie ihre Zuständigkeiten: hie die Gesetze und da das Geschäft. Die Strand, eine lange Avenue mit bedeutenden Palästen, verband sie miteinander.

Londons Ausdehnung erfuhr niemals Einschränkungen durch eine Zentralregierung. Reiche Kaufleute und ihre Gilden lenkten die Geschicke der City. Das Parlament in Westminster regierte ein Land, das bereits eine dezentralisierte Verwaltung besaß.

Die beiden »Großen«

Es gibt kein mittelalterliches London. Zwei Katastrophen, die Große Pest und der Große Brand von London, vernichteten Ende des 17. Jahrhunderts jede Spur davon sowie einen Großteil der Einwohnerschaft. Zeitgenössische Berichte der Schriftsteller Evelyn (ein weitgereister Kunst- und Naturkenner, Berater von Karl II. und Jakob I) und Pepys (hoher Funktionär der Admiralität) führen uns das damalige London vor Augen, wo der »Schwarze Tod« wütete. 1665 notierte Evelyn in seinem Tagebuch: »Die Seuche verbreitet sich weiter um uns herum. Jede Woche sterben etwa zehntausend Menschen. Ich habe selbst die düsteren und verlassenen Gäßchen der City durchmessen, wo sich die Särge stapeln. Die Geschäfte sind geschlossen und überall herrscht trauerndes Schweigen. Keiner weiß, wann seine Stunde schlagen wird.«

In Erinnerung an die Große Pest paradiert seither der Bürgermeister der City zu bestimmten Anlässen durch die Stadt, umgeben von seinen Sheriffs und Stellvertretern. Er trägt einen Lavendelstrauß in der Hand zum Gedenken an jene Zeit, da duftende Blumen als einziger Schutz gegen den Leichengestank dienten.

Das Große Feuer (the Great Fire) brach am Sonntag, dem 2. September 1666, gegen zwei Uhr morgens aus und dauerte bis zum darauffolgenden Donnerstag nachmittag. Die City innerhalb der Stadtmauern wurde dabei bis auf ein Inselchen im Nordosten zerstört. Die Paulskirche brannte ebenso ab wie neunundachtzig Gemeindekirchen, 13.200 Häuser und unzählige Kunstschätze. Wie durch ein Wunder fielen jedoch nur zwölf Menschen den Flammen zum Opfer. Das Feuer hatte zudem die segensreiche Wirkung, daß es der Großen Pest Einhalt gebot, die 70.000 Tote innerhalb von sieben Monaten gefordert hatte. Dennoch verursachte es helles Entsetzen, wie der Londoner Chronist Samuel Pepys schilderte: »Mit zunehmender Dunkelheit wurde eine grausige, Verderbnis bringende, blutrote Flamme sichtbar über den Kirchtürmen, zwischen den Häusern und den Kirchen, soweit der Blick vom Hügel der City aus reicht. Als wir weitergingen, bildete die Feuersbrunst einen riesigen Flammenbogen zu beiden Seiten der Brücke, und ein zweiter Bogen spannte sich mindestens eine Meile weit über den Hügel. Bei diesem Anblick brach ich in Schluchzen aus.« Pepys' kodiertes »Journal« konnte erst 1825 entziffert werden und besitzt gleichermaßen Wert als intimes Dokument – die darin enthaltenen Ehekrach-Schilderungen sind vorbildhaft für dieses Genre – und als unersetzliche Quelle für die Beschreibung zeitgenössischer Begebenheiten, vor allem eben des Großen Feuers.

Abbildung der Statt LONDON, sambt dem erschröcklichen brandt daselbsten, so 4. tagen lange gewehrt hatt. A°. 1666. im 7bris.
Thamesis
Fluvius
South Warke
Winchesters house
die Brucke
The Tower
1. Yorke house.
2. Durham house.
3. New exchainge.
4. Savoy.
5. Somerset house.
6. Arundel house.
7. Essex house.
8. Temple.
9. Baynards cast.
10. St Andre in Holb.
11. St Pauls Church.
12. Boo Church.
13. Guild hall.
14. St Lorentz Poultney.
15. the Royal exchainge.
16. St Michael.
17. St Petrus.
18. St Dusten in the East.
19. Alhallows harking.
20. Costom house.

Ein heftiger Sturm trug dazu bei, daß das Feuer die großteils aus Holz gebaute City innerhalb von vier Tagen zu Dreivierteln verzehrte. Der Wiederaufbau zog sich über zwanzig Jahre hin. 1667 verabschiedete das Parlament einen Wiederaufbaugesetz, den »Rebuilding Act«, und ernannte die verantwortlichen Baumeister, darunter den berühmten Christopher Wren. Dieser machte sich umgehend ans Werk. Einundfünfzig Gebäude errichtete er selbst, den Bau von sieben weiteren überließ er seinen Assistenten, Hawksmoor und Vanbrugh. Auch entwarf er einen »Gesamtplan« der City: geradlinige Alleen sollten auf geometrisch angelegte Plätze münden und die wichtigsten Denkmäler hervorheben. Doch mißfiel den Geschäftsleuten eine derart rationelle städtebauliche Konzeption, zumal sie ihre Häuser auf den alten Fundamenten wiederaufgebaut sehen wollten. Die gewundene Straßenführung ist uns deshalb als einzige Spur des mittelalterlichen London erhalten geblieben, das man sich besonders gut südöstlich von St. Paul vorstellen kann, wenn man sich die Gebäude entlang der Ave Maria Lange, Amen Court und Paternoster Row wegdenkt.

Der liebevoll als »Sir Chris« titulierte Christopher Wren erlangte jedenfalls heldenhafte Größe in den Augen der Londoner. Im Jahr des Großen Brandes war er vierunddreißig Jahre alt. Er hatte kein Architekturstudium absolviert, begeisterte sich jedoch als Mathematiker und Oxforder Diplom-Astronom für die italienische Renaissance und entlieh den kontinentalen Baustilen Elemente zum Neubau von St. Paul und anderen Kirchen, denen er jedoch eine eigenwillige persönliche Note verlieh. Sein Grab in der Paulskirche trägt die schlichte Inschrift: »Wenn Sie sein Werk suchen, schauen Sie sich um.«

Die Behörden hatten eine einzige Auflage für den Wiederaufbau gemacht, nämlich kein Holz zu verwenden. König Jakob I. bestimmte, daß fortan Ziegel genommen werden sollten, da sie dauerhafter, feuerfest und außerdem schön und farbenprächtig seien. Eine weitere Folge des Brandes war die Gründung privater Feuerwehren. Die Häuser, deren Besitzer zum Förderkreis einer Feuerwehr gehörten, trugen deren Siegel (an manchen Mauern sind sie noch heute sichtbar). Geizhälse riskierten, daß ihre Behausungen abbrannten.

Auch Daniel Defoe war Zeuge der damaligen Brandkatastrophe gewesen und beschrieb sie in einer Weise, die ebensogut auf den »Blitz« im Zweiten Weltkrieg zutreffen könnte – tatsächlich werden in der Londoner Mythologie beide Ereignisse häufig in Verbindung gebracht: »Billingsgate wurde an einem Samstag vom Feuer angegriffen, die Kirchen fielen am Sonntag (...), die Denkmäler stürzen (...), die Gebäude brechen zusammen (...); die von Entsetzen gepackten Londoner fliehen aufs Land.«

Der »Blitz«

Wie schon das Große Feuer, zerstörte der »Blitz« die meisten Kirchen der City, und zwar hauptsächlich die von Wren erbauten. Der deutsche »Blitzkrieg« ging 1940 zuerst über den Londoner Docks nieder, tötete mindestens fünfzehntausend Menschen und zog drei Millionen Wohnungen in Mitleidenschaft. Ein Drittel der City wurde dem Erdboden während der siebenundfünfzig Nächte lang – und oft auch tagsüber – fortgesetzten Bombenangriffe gleichgemacht. Inmitten der Trümmer blieb St. Paul allein stehen.

»Die Raketen gehen von Westen nach Osten herunter, auf der anderen Seite von Charlotte Street. Wenige Sekunden

später, ohne Vorwarnung, eine enorme Explosion. Uns bleibt gerade die Zeit, uns zu ducken, bevor die Geschäftsfassade über unseren Helmen zerstiebt« (Graham Greene).

Für Paul Morand war »die schrecklichste Nacht jene vom Sonntag, 29. Dezember 1940. Sechzig Brände, zweihundert Tote. Der Guildhall hatte kein Dach mehr, das Ratszimmer und der Ältestensaal waren zerbombt, Paternoster bis auf den Grund abgebrannt. Im Januar und März 1941 kam die Reihe an den Templebezirk, seine wunderbare kleine romanische Kirche und den mittleren Templebereich. Am 16. April fielen hunderttausend Bomben auf die City. Der 10. Mai bedeutete das Ende für die Kirche im Templebezirk. Zertrümmert waren ihre herrlichen Grabfiguren, zerstört die Guildhall, beschädigt das British Museum, der Lambeth-Palast, die Residenz des Lord

Mayor, das Rathaus, Mansion House, verwüstet all die Kirchen von Wren.«
Wie schon dreihundert Jahre zuvor, gingen die Engländer 1945 an die Arbeit und richteten die City in zehn Jahren mit besonnener Entschlossenheit und nicht ohne Humor wieder her: etliche Londoner äußerten sich erleichtert darüber, daß sie nun endlich ihre viktorianischen Scheußlichkeiten und andere Ungetüme losgeworden seien, und zeigten kein Bedürfnis nach Ersatz.

Business is Business

Die moderne Prägung der City stammt aus dem 19. Jahrhundert. Damals sank die Einwohnerschaft von 130.000 auf 27.000 Menschen. Die Handelsstadt hatte sich zur Bürostadt gewandelt. Deren Angestellte kamen per Bus zur Arbeit in die City, wohnten aber in den »alten Vorstädten« Hackney, Holloway und Islington, das sich zur Künstler- und Intellektuellenkolonie mauserte. Heutzutage zählt die City nurmehr viertausend Einwohner. Jeden Morgen schwillt die Bevölkerung hier jedoch auf 130.000 an, um abends wieder über London Bridge abzuwandern, die deshalb zu den Hauptverkehrszeiten ein beeindruckendes Schauspiel bietet.

Eingezwängt in ihre »square mile« ist die City eine Metapher Englands – seines Rechtssystems, seiner vergangenen und gegenwärtigen Bankgeheimnisse und seiner Heimlichtuerei, seiner Begeisterung für Rituale, seiner Großhandelsmärkte, in denen lebende Schafe ebenso wie Teesäcke oder Diamanten zu abstrakten Zahlen und Gewichten werden. Die City ist gleichbedeutend mit einer einmaligen Regimentsführung der Geschäftsleute, mit der »Cockney«-Kultur (ein echter Cockney muß unbedingt in

Hörweite der Kirchenglocken von St. Mary-le-Bow zur Welt gekommen sein), mit dem Londoner Tower, Schauplatz finsterer politischer Machenschaften und unvergessener Hinrichtungen, mit den benachbarten Docks, auf denen sich Reichtümer aus aller Welt ausbreiten. Und dann ist da noch die außergewöhnliche Dichte von Kirchen: neununddreißig tragen die Handschrift Christopher Wrens, der ihre Kirchtürme mit Vorbedacht so um den Paulsdom gruppierte, daß dieser sie alle überragte und quasi das Tüpfelchen auf dem »i« – nein, auf dem Stadtbild – darstellt. In diesem Gedränge gleicht kein Kirchturm dem anderen. Zu den erstaunlichsten Schöpfungen Wrens gehört der Turm von St. Bride (wie die Braut), der so sehr einer zusammengesetzten Festtagstorte ähnelt, daß kein Londoner sagen kann, was zuerst da war: der Kuchen oder der Turm. Die berühmte Skyline der Wren-Bauwerke ist heute kaum noch erkennbar. Neuere Gebäude verstellen den Blick auf die Kirchen und Kuppeln und auf die klassischen oder barokken Friese.

Zu den religiösen Anziehungspunkten zählt die Statue eines Mannes in der Kirche St. Andrew Undershaft: es handelt sich um John Stow, den ersten Historiker Londons, der 1598 den berühmten »Survey of London«, eine ausführliche Erhebung von Fakten über die Stadt, veröffentlichte. Die Figur hält einen echten Gänsekiel in der Hand. Alljährlich bringt der »Lord Mayor« eine neue Feder zu Ehren des talentierten Autors.

Berufe

Aufmerksame Besucher der City begegnen überall den Spuren der wichtigsten Handwerke und Berufe, die bei der Gründung der verschiedenen Viertel Pate gestanden haben.

Im Westen finden wir die Rechtsanwälte und Magistrate des Gerichtshofs. Im Osten ist der Sitz der Finanzzentren, rund um den U-Bahnhof mit dem sinnigen Namen »Bank«. Die große Märkte befinden sich im Norden und Nordosten, Smithfields für Fleisch und das entlegenere Spitalfields für Obst und Gemüse. Ihre Tage sind allerdings wegen der irrsinnig hohen Immobilienpreise gezählt, und sie werden nach jahrhundertelanger Existenz Bürobauten weichen müssen. Fleet Street im Zentrum galt über hundert Jahre lang als Hochburg der englischen Presse, die seither aus praktischen Gründen ins Dockland verlegt wurde. Wenn die übrige City gegen 17 Uhr ruhig wurde, ging der Betrieb in der Fleet Street erst richtig los und entfaltete eine fieberhafte Aktivität bis spät in die Nacht hinein, im Lärm der Rotationsmaschinen, der Lieferfahrzeuge und des Geschreis und Gelächters der Beschäftigten.

Die alten Berufe der City überleben sich selbst in den Straßennamen, vor allem um Cheapside herum: Honey Lane, Ironmonger Lane, Milk Street, Bread Street, Wood Street. Doch waren die Talente hier nicht nur aufs Honigverkaufen und auf den Einzelhandel mit Eisenwaren, Milch, Brot oder Holz beschränkt. Immerhin kamen der Dichter John Milton und der Humanist Thomas Moore in Cheapside zur Welt. Im nördlichsten Zipfel des Viertels, unmittelbar in der Nähe zum London Museum, haben die Königliche Shakespeare-Company und das Londoner Symphonieorchester ihren Sitz in dem potthäßlichen, aber modernen Barbican Centre.

Man sollte viel Muße haben beim Rundgang durch die City, am besten wochentags zur Hauptgeschäftszeit. Dann ist alles in Bewegung, auf der Straße, aber auch in der Luft, wo unermüdlich Kräne kreisen, denn die City weist heute noch mehr Baustellen auf als nach dem Zweiten Weltkrieg.

Unten herrscht ein emsiges Treiben, das in den berühmten Gerichtsbezirk (Lincoln's Inn, Gray's Inn, Temple) schweigsam und streng wirkt, rund um Bank ernsthaft und leistungsfähig, am Sitz der renommierten Versicherungsgesellschaft Lloyd's jedoch geradezu frenetisch, wenn man den mit riesigen Aktenpaketen umhereilenden Angestellten zuschaut.

Mittags trifft sich alles wieder in den jeweiligen Pubs der verschiedenen Zünfte: die Juristen rund um den Templebezirk, die Banker um die Bank von England, die Journalisten und Redakteure in der Fleet Street. Um richtig an dieser angeregten Stimmung teilzuhaben, sollten Sie im »Simpson's« in der Canning Street mit den Börsenmaklern zu Mittag essen oder wahlweise ins »Olde Watling« (29, Watling Street) oder ins »Magpie and Stump« (18, Old Bailey) zu den Rechtsanwälten und Richtern reinschauen, ins »Cheshire Cheese« im »Wine Office Court« zu den Zeitungsmachern, ins »Black Friar« oder »George and Vulture« zu den Geschäftsleuten.

Die City hat seit jeher als außerordentlich wohlhabend gegolten. Die »Livery Companies« (Zünfte) zeugen vom Reichtum vergangener Zeiten. Von ihren »halls« (Versammlungshäusern) und Wappen wimmelt es hier nur so.
Einst gab es zweiundneunzig Zunfthäuser in der City. Nur dreiundzwanzig davon überstanden das Große Feuer und dann den »Blitz«. Der frühere Einfluß der Gilden hat heute nur noch symbolische Bedeutung. Die meisten »halls« dienen als Clubhäuser für Wohltätigkeitsverbände. Ein Spaziergang durch die Straßen, vor allem durch die Lombard Street, führt an den Häusern der Kurzwaren- und Kolonialwarenhändler, Tuchmacher, Fischverkäufer, Goldschmiede, Herrenausstatter, Weinhändler und neuerdings auch der Buchhalter vorbei. Im 19. Jahrhundert verdrängten die

Finanzmärkte den Großhandel und entwickelten sich ruck- und stoßweise in einem holperigen Takt, dessen jüngstes und aufsehenerregendstes Phänomen der »Big Bang« war.

Die Regierung

Die City, wir sagten es schon, hat ihre eigene Regierung: die *Corporation*. Sie ist unabhängig vom Königshaus und dem Parlament in Westminster und wird vom »Lord Mayor«, dem Oberbürgermeister, geleitet, dessen Titel aus dem 17. Jahrhundert stammt. Nebenbei bemerkt, wurde er erstmals 1983 einer Frau verliehen. Als Chef der ältesten Gemeinde der Welt genießt der »Lord Mayor« gewisse ehrenamtliche Privilegien, etwa das Recht auf Anhörung beim König und die Kenntnis des Losungswortes der Wachen im Londoner Tower. Er wird für ein Jahr aus dem Kreis der Repräsentanten der Korporationen, den »Aldermen«, gewählt. »Lord Mayor« kann nur werden, wer viel Geld sein eigen nennt, so daß dieses Amt fast immer von einem reichen Geschäftsmann der City bekleidet wird, denn zur Erfüllung seiner Aufgaben muß er etwa 63.000 englische Pfund aus eigener Tasche berappen, zusätzlich zu seinem Jahresgehalt von 80.000 Pfund. Bei der Amtseinführung, die ganz in der von den Briten geschätzten Tradition steht, darf er kein Wort mit seinem Vorgänger wechseln. Deshalb heißt dieses Ritual »silent change«. Die schweigende Amtsübergabe wird von einer weiteren, ebenso alten Zeremonie gefolgt: der »Lord Mayor Show«, einem großen Umzug der Korporationen. Dabei wird der Erwählte in einer Kutsche durch die City bis zum Gerichtshof gefahren. Nach Art eines Karnevals hat die Show ein Leitmotiv, wobei es sich um das Transportwesen, die Stromversorgung, die Rohstoffpolitik usw. handeln kann.

Publikumswirksam sind vor allem die ungewöhnlichen und vielfältigen Trachten, in denen der »Lord Mayor« den Bürgern erscheint. Zum Amtsantritt trägt er eine karmesinrote Samtrobe, zu Empfängen ein schwarz-goldenes Gewand, zu anderen Gelegenheiten einen scharlachrot und violettfarbenen Talar, der bei Trauerfeiern demutsvoll aus einfachem schwarzen Tuch besteht. Nicht zu vergessen den berühmten schwarzen Dreispitz mit Straußenfedern, ebenso unentbehrlich zur erfolgreichen Abwicklung der Festivitäten wie alle zuvor aufgeführten Kleidungsstücke.

Am Tag seiner Amtseinführung empfängt der »Lord Mayor« seine Gäste im Mansion House, wo sie zu Trompetenklängen eintreffen. In der Guildhall versammelt sich die Gesellschaft dann zu einem Bankett, an dem von altersher

auch der Premierminister teilnimmt und eine außenpolitische Rede hält, um sich die Unterstützung der Finanzwelt zu sichern. Dazu erklingt der Händel-Marsch. Der Festschmaus aber steht unter der Schirmherrschaft von Gog und Magog[2], den beiden legendären Riesen an der Westseite der Guildhall, deren Konterfeie bisweilen auch durch die City getragen werden.

Den größten Teil seiner Zeit verbringt der »Lord Mayor« mit dem Vorsitz bei Gerichtsverhandlungen, der ihm kraft seines Amtes als oberstem Richter der City zusteht sowie mit Reisen und Empfängen für Gäste aus aller Welt. Letztere finden in der Guildhall statt, einem typischen Londoner Gebäude insofern, als es aus einem wunderschönen alten Teil besteht, den der »Blitz« nicht getroffen hatte, welcher sich in einem abscheulichen Betonneubau gleich einem obszönen Tentakel fortsetzt.

Die eigentliche Regierung der City obliegt der Versammlung der »common councilmen« oder »aldermen«. Ihr Wahlprogramm ist eher finanzieller als politischer Art. Sie werden von den fünfundzwanzig Bezirken der City gewählt, die für die Verwaltung der öffentlichen Güter einschließlich der vier Themse-Brücken zuständig sind und außerdem die »City Police« unterhalten. Die Korporationen ernennen außerdem zwei Sheriffs zur Unterstützung des »Lord Mayor«.

---

2) Sie stellen den Kampf zwischen den alten Briten und den trojanischen Eroberern dar, die der Sage nach 1000 Jahre vor der christl. Zeitrechnung New Troy an der heutigen Stelle Londons gründeten. Die ursprünglichen Figuren, 1940 Kriegszerstörungen anheimgefallen, wurden später ersetzt.

Rituale

Rituale und Zeremonien nehmen einen zentralen Platz im politischen Leben der City ein. Einige Korporationen gedenken während ihrer Bankette noch heute König Eduards des Märtyrers, der im Jahre 978 hinterrücks erstochen wurde, als er gerade einen Weinkelch leerte. Um derlei ärgerlichen Unfällen vorzubeugen, aber auch zum Ausdruck ihrer feierlichen Ablehnung von Verstößen gegen das »fair play«, trinken die Geladenen nur aufrecht und Rükken an Rücken stehend. Somit beschützen sie sich gegenseitig und können sicher sein, daß etwaige Verräter nicht ungesehen bleiben.

Bei den Tuchmachern fragt die Bedienung nach jedem Festessen im »Hall«: »Sir, speisen Sie mit dem Magistratsbeamten oder mit Lady Cooper?«, was nichts anderes bedeutet als: »Möchten Sie Cognac oder Gin trinken?« Diese Redensart geht auf das 17. Jahrhundert zurück. Damals hatte Lady Cooper der Tuchmacherzunft vorgeworfen, ihren Mann mit schlechtem Kognak umgebracht zu haben. In ihrem Testament vermachte sie der Zunft eine stattliche Summe, damit künftig zum Abschluß jedes Mahls Gin serviert werden konnte, der soviel gesünder sei. Diese »historischen Spielchen« sind bei den Engländern überaus beliebt.

Hochgehalten wird auch das Andenken an Dick Whittington, der im 15. Jahrhundert dreimal zum Lord Mayor gewählt worden war. Er ist eine wichtige Figur in der Londoner Folklore, weil er, als Habenichts geboren, später ein Vermögen erwarb und dieses für Wohltätigkeitszwecke der City hinterließ. Diese einfache Geschichte wird von einer Episode geschmückt, die Whittingtons Abreise aus London in Begleitung seiner Katze schildert: als er den Highgate-Hügel erreicht hatte, hörte er die Glocken von St. Mary-le-

Bow in der City läuten: »Komm zurück, Dick Whittington, kehr' um und Du wirst dreimal Lord Mayor werden«, verkündeten sie. Dieses Rührstück wird häufig als Teil der Weihnachts-Pantomimen aufgeführt, ein von den Engländern im allgemeinen, von den Londonern und den Kindern insbesondere geschätztes traditionelles Schauspiel. Die Themen sind bekannten Kinderreimen entliehen oder nehmen alle möglichen nationalen Mißgeschicke aufs Korn. Als Vorlage für die musikalische Begleitung dienen aktuelle Volkslieder. Der Gesamteindruck ist eine typische Londoner Mischung aus Romantik und Patriotismus. Travestiten-Rollen sorgen für das Burleske: der junge Premier wird von einer Frau gespielt, seine Mutter von einem Mann usw. Am allerbeliebtesten sind natürlich die Rollen der garstigen Stiefschwestern von Cinderella (Aschenputtel).

In manchen Viertel findet am Himmelfahrtstag das »Grenzstein-Schlagens« (Beating the Bounds) statt: Meßdiener laufen rund um die Grenzen der Pfarrgemeinde und klopfen die Grenzsteine feierlich mit Weideästen ab, gefolgt von den Gläubigen und Schaulustigen. Dieser Brauch stammt aus einer Zeit, als dies die beste Art war, um dem leseunkundigen Volk die Bedeutung solcher Steine zu erklären und um die Felder vor bösen Mächten zu schützen. Mehrere von ihnen sind erhalten geblieben und finden sich an den unerwartetsten Stellen wieder, so über der Bar im Pub *George and Vulture* in der Lombard Street oder sogar mitten in der Themse, wie der Grenzstein der Gemeinde St. Clement Danes, der nur von einem Boot aus geschlagen werden kann. Ähnliche Zeremonien sind zu Ostern bei uns aus der Lausitz bekannt, wo die Fluren zu Pferde umritten werden.

In einer kleineren Zeremonie überreichen die Nachkommen von Sir Robert Knollys, einem mächtigen Kaufmann der City im 14. Jahrhundert, dem Lord Mayor alljährlich eine rote Rose als Abbitte für eine Brücke, die Sir Robert 1346 über die Themse geschlagen hatte, ohne zuvor die Erlaubnis des damaligen Mayor einzuholen. So schön kann Sühne sein.

Nachbarschaften

Trotz ihrer Leidenschaft für Gedenkveranstaltungen sind die Londoner durchaus modernistisch. Es hat den Anschein, als könne die City das Bauen nicht mehr lassen, das sich seit dem Großen Brand über die Nachkriegszeit unentwegt fortgesetzt hat. Ende der sechziger Jahre wurden Bauvorhaben in Angriff genommen, deren Ausmaß jenes von 1945 noch übersteigt. Im Jahre 1987 verursachte Prinz Charles einen ordentlichen Skandal, als er laut kundtat, was ganz London insgeheim schon wußte: daß St. Paul mittlerweile von abscheulichen Betonbauten erdrückt werde. Nun darf dies alles wieder abgerissen werden, damit die Kathedrale Luft bekommt und der Dom endlich wieder weithin sichtbar wird. Allerdings macht dieses Versteckspiel ja gerade einen Reiz der City aus: die plötzliche Entdeckung der ebenmäßigen Kuppel am Ende von engen Straßen mit ihren düsteren Hochhäusern.

Daneben gibt es auch durchaus bemerkenswerte Bauwerke, vor allem den eleganten Turm der National Westminster Bank, der 1980 nach Plänen von R. Seifert hochgezogen wurde. Bei klarem Wetter kann man von der Aussichtsplattforn aus die Mündung der Themse und sogar die Südküste Englands erkennen.

Der neue Sitz der Versicherungsgesellschaft Lloyd's, Markenzeichen Richard Rogers (Mitkonstrukteur des Centre Pompidou in Paris), entfaltet eine glänzende Pracht aus

poliertem Aluminium, Stahl und Glas. Das Tageslicht wird in einem Fensterpalast eingefangen und von den in Beton eingelassenen, riesigen, kreisrunden, schwarzen Reflektoren geschluckt. Am späten Vormittag halten sich bis zu fünftausend Menschen im *Underwriting Room*, dem Hauptgeschäftsraum, auf. Makler und Versicherungsagenten sitzen sich in den antiken, kirchenbankähnlichen Boxen gegenüber und studieren den großen Times-Atlas, um darauf die Schiffsbewegungen nachzuvollziehen.

Wenige Schritte weiter blüht einer der reizvollsten Märkte Londons, der viktorianische Leadenhall Market zwischen eierschalen- und weinfarbenen Säulen, die von den steinernen Drachen der City bewacht werden. Seine Fleisch-, Fisch- und Gemüseauslagen bieten klassische Beispiele der jahrundertealten englischen Dekorationskunst. Auffallend sind der merkwürdige Zuschnitt der Fleischstücke und die stets als Blickfang angeordneten, geräucherten Schellfische und Aale, letztere in Form von *jellied eel* (Aal in Gelee), einer traditionellen *Cockney*-Spezialität.

Eine merkwürdige Nachbarschaft bildet der große Fleischmarkt Smithfield Market im Norden der City mit einem der ältesten Londoner Krankenhäuser, St. Bartholomew's, im Volksmund einfach »Barts« genannt. Man kann sich unschwer ausmalen, daß diese Nähe Stoff für andauernde und besonders geschmacksvolle Witze gibt, denn makabre Späßchen entsprechen nun einmal dem Lokalgeist ebenso wie der nationalen Vorliebe für grausamen und schwarzen Humor. Sofort hinter dem Krankenhaus befindet sich ein sehr schönes romanisches Gebäude, St. Bartholomew-the-Great, das ebenso wie die St. John's Chapel im Tower von den Katastrophen der Vergangenheit ausgespart wurde. Jeden Abend stimmen hier Amateurchöre ihre Hymnen zum *Evensong* (der gesungenen Vesper) an. Gehen Sie

SWIFT AND COMPANY LTD
SWIFT AND COMPANY LTD

ERECTED
JOHN S. FITTER

John's
Wine Bar

unbedingt hin: viele Engländer erhalten ihre musikalische Ausbildung in der Schule, und die Ergebnisse sind selten enttäuschend, zumal was das besondere Repertoire der von Männern besetzten Altstimmen betrifft.

Das Wohnhaus eines Gentleman

Im Süden von Bloomsbury, in Lincoln's Inn Fields – dem größten Londoner Platz, am Rand des Anwaltsviertels und teilweise von Inigo Jones gestaltet – lockt das extravaganteste, exzentrischste und zweifellos auch amüsanteste aller Londoner Museen: das Haus von Sir John Soane, einem »klassischen« Architekten des frühen 19. Jahrhunderts. In den winzigen Zimmerchen und den engen Fluren, in den Kellern, Höfchen und Gärtchen stapelt sich ein unglaublicher Haufen bunt zusammengewürfelter Dinge wie Gemälde, antike Statuen, Sarkophage, seltene Bücher, Manuskripte und alte Landkarten, die bereits zu Lebzeiten des Hausherrn zum Inventar und Mobiliar gehörten. Den richtigen Eindruck von diesem einzigartig englischen Museum bekommt man schon beim Lesen der Raumbezeichnungen. Da gibt es eine Mönchs-Stube, ein Grabzimmer, die Katakomben, eine Krypta, ein Morgenzimmer, eine Shakespeare-Ecke usw. Im *Picture Room* hängen zwei Gemäldereihen von William Hogarth, darunter *Rake's Progress* (Entwicklung eines Lebemanns). Hogarth hatte im 18. Jahrhundert eine wahre Renaissance der britischen Malerei begründet, die zuvor zwei Jahrhunderte lang in der Nachahmung ausländischer und vor allem holländischer Werke erstarrt war. Als trotziges Genie behauptete er sich zu einem Zeitpunkt, da die englische Kunst der Langeweile zu verfallen drohte. Sein von unglaublicher Energie getragenes Werk hauchte ihr neues Leben ein. Hogarth malte nicht nur eine beißende Satire auf seine Gesellschaft, sondern trug auch durch schriftstellerische Tätigkeit (etwa die *Analyse der Schönheit* 1735) zur Reform des herrschenden Geschmacks bei, indem er deutlich machte, daß Schönheit und Exotik nicht zwangsläufig zusammengehören.

Gerichtsbarkeit

»Die Gerichtsdiener in den Inns of Court sind angehalten, jeden Hausierer sowie alle ruhestörenden, lästigen und lärmenden Gäste der Örtlichkeiten zu verweisen (...)«, so das Warnchild am Eingang von Gray's Inn, eines von vier Inns of Court, Stammhäuser der englischen Jurisprudenz. Es wird vorausgesetzt, daß jeder weiß, was in diesen Hallen als lästig empfunden wird. Obgleich inmitten der rastlosen City und mit ihrer lärmerfüllten Geschäftigkeit herrscht in diesem Hafen der Erholung und des Friedens beeindruckende Ruhe. Wer keine Zeit hat, Cambridge oder Oxford zu besichtigen, sollte auf jeden Fall die Inns of Court besuchen, die durchaus vergleichbar sind: dank ihrer Architektur und der von komplizierten Hierarchien getränkten Atmosphäre ebenso wie durch die Rituale, wozu unter anderem die berühmten Abendessen der Gerichtsreferendare gehören.
Shakespeare wählte diese Kulisse für den ersten Akt des Rosenkrieges, der sich im 15. Jahrhundert zwischen den mächtigen Familien von Lancaster und York abspielte und England während dreißig Jahre zerriß, in seinem Drama *Heinrich VI.* Obwohl der Dialog frei erfunden ist, wird man bei der Erinnerung daran unwillkürlich ergriffen von der symbolischen Kraft dieses Ortes:

Plantagenet:
»Es pflückte, wer ein echter Edelmann
Und auf der Ehre seines Bluts besteht,
Wenn er vermeint, ich bringe Wahrheit vor,
Mit mir von diesem Strauch 'ne weiße Rose.«

Somerset:
»So pflückte, wer kein Feiger ist noch Schmeichler,
Und die Partei der Wahrheit halten darf,
Mit mir von diesem Dorn 'ne rote Rose.«

Lincoln's Inns befinden sich nördlich der Royal Courts, die im 19. Jahrhundert im damals so beliebten neogotischen Stil erbaut wurden. Unter der Leitung sogenannter *Bencher* (Vorstandsmitglieder) treffen sich in diesen Einrichtungen wohlbestallte Anwälte, Referendare und Studenten. Im 12. Jahrhundert erhielt diese ganze Gesellschaft hier Kost und Logis, wovon die Bezeichnung *Inn* (Herberge) übriggeblieben ist. Wie in jeder anständigen englischen Universität erschien es nämlich besonders wichtig, Außenkontakte nach Möglichkeit zu vermeiden. Deshalb sah man auch nie Angehörige anderer Berufsgruppen in den *Inns*. Es ist heute noch üblich, daß die Rechtsanwälte nicht unmittelbar mit ihren Klienten sprechen, sondern vermittels besonderer *Solicitors*, die die Funktion von Vertrauensmännern und bestimmte notarielle Aufgaben wahrnehmen. Der *Solicitor* nimmt sich des Falles an, prüft die Einzelheiten und verfaßt ein Resümee in Form eines *Brief*, welches Dokument der Barrister (Rechtsanwalt) angeblich erst kurz vor der Gerichtsverhandlung zur Kenntnis nimmt. Interessanterweise müssen die Anwälte, obgleich Freiberufler, kraft des *Taxi Rank Rule* (Taxi-Warteschlange-Gesetz) reihum jeden Fall annehmen, der ihnen von einem *Solicitor* angetragen wird – sofern sie dafür kompetent sind.

Die Richter, bei denen es sich immer um ehemalige Barrister handelt, sollen nicht die Wahrheit herausfinden, sondern über Rechtsfragen entscheiden und den Streit zwischen den Barristern zweier Parteien über formale Spitzfindigkeiten schlichten. Der englische Richter ist eine Persönlichkeit. Umstritten wohl, denn wo manche die Verkörperung des gesunden Menschenverstandes und der Vernunft sehen wollen, erblicken andere nur die Karikatur eines vertrottelten Greises, der sich in seinem Wortschwall selbst verheddert. Dazu muß man wissen, daß bis ins 18. Jahrhundert das Recht in »normannischem Französisch« gesprochen wurde, einem Idiom aus der Zeit der Eroberung, das allenfalls von den Barristern verstanden wurde. Das Zivilrecht heißt beispielsweise *Tort Law*, was soviel heißt wie Schadensgesetz (frz. tort = Unrecht), allerdings Schadensersatzgesetz bedeutet.

Diese besondere englische Rechtskonzeption hat den Spott vieler Schriftsteller herausgefordert. Am berühmtesten ist hier wohl Charles Dickens: mit *Bleak House* verfaßte er eine ätzende Anklage gegen die hohlen Intrigen des *Court of Chancellery:*

»Kein Nebel kann dicht genug, kein Schlamm dick genug sein, um dem Stoff zu entsprechen, in dem im Angesicht von Himmel und Erde diese hohe Kanzleigerichtsbarkeit tastet und watet, die schädlichste aller alten Sünderinnen.«

Als gute Briten sind die Gesetzeshüter selbst ganz wild auf verrückte Anekdoten, wozu bizarre oder lächerliche Fälle immer wieder neue Anregungen boten. So wollten beispielsweise zwei alte Damen die Memoiren eines seit dreissig Jahren toten Schriftstellers veröffentlichen, die er ihnen im Laufe von spiritistischen Sitzungen diktiert hatte. Die Erben des Verstorbenen erhoben sofort Anspruch auf die Urheberrechte. Da man auf keine eindeutige Rechtssprechung in Bezug auf Geister zurückgreifen konnte, fand ein spannender Kampf zwischen den Barristern statt. Der Richter sprach schließlich den beiden Medien den urheberrechtlichen Lohn zu – zumindest die irdischen.

Wenn auch die Melonenhüte fast verschwunden sind, so ist die Kleidung in der City doch noch immer äußerst konservativ; das Schuhwerk zumal, das unbedingt aus *Brogues* bestehen muß, nämlich Straßenschuhe aus dunklem, perforiertem Leder. Der Anzug, meist dreiteilig, hat in der Regel Nadelstreifen. Im Inns of Court-Viertel wird das Straßenbild von Grau und Schwarz bestimmt, wohingegen Geschäftsleute Dunkelblau oder gar Hellgrau vorziehen. Übrigens trifft das *Konservative* nicht nur auf die Kleidung zu. So verbot ein Finanzinstitut seinen Angestellten, in zweitürigen Autos vorzufahren. Ein Coupé ist eben zu sportlich und deshalb nicht konservativ genug ... Hinsichtlich ihrer Büros sind die Geschäftsleute der City konservativ im buchstäblichen Sinn: hier ist es schon fast Ehrensache, Großvaters alte, schlecht gewachste Möbel zu behalten, ebenso die abgetretenen Teppiche, verstaubten Tische und die Türglocke aus Königin Viktorias Zeiten. Dazu gehören auch das geregelte Durcheinander der Akten und die *Cup of tea*, die auf jeden Fall von einer *Tea lady* in einer nach Möglichkeit gesprungenen Tasse serviert werden sollte. Angeber gibt es in der City nicht und basta. Sollten Sie allerdings von einem Londoner Bankdirektor oder einem Börsenmakler zum Essen eingeladen werden, so wird er mit Ihnen sicherlich in seinem Rover (mit »Tabak«-Leder gepolstert) aus London herausfahren, vielleicht sogar aus Großlondon, bis in eine der Vorstädte, in denen weder das Zurschautragen von Reichtum noch das Leben mit modernen Einrichtungsgegenständen verpönt sind.

Finanzen

Vielen Leuten fällt beim Stichwort City zuerst die Finanzwelt ein. Ihre Aushängeschilder sind die Börse (Stock Exchange), Lloyd's Versicherungsimperium, der Royal Exchange und die »alte Dame aus der Threadneedle Street« oder, anders gesagt, die Bank von England, um die sich zahlreiche andere Unternehmen scharen: Geschäftsbanken, Börsenmakler, Handelsbanken – einst die mächtigsten Finanzinstitute – Rohstoffmärkte für Tee, Pelze und Elfenbein. Nicht zu vergessen der berühmte Baltic Exchange, ein riesiger, bildschöner Saal, wo Reeder und Kaufleute etwa Dreiviertel der weltweiten Handelsschiffsbewegungen steuern.

Die 1694 gegründete Bank of England, die »Bank der Banken«, kontrolliert die Geldmenge, reguliert die Kredite und beherrscht die finanziellen Transaktionen, die bis zum vergangenen Jahrhundert in den bekannten *Coffee Houses* abgeschlossen wurden. Tatsächlich lernten die Engländer den Kaffee lange vor dem Tee kennen und schätzen. Dieser Brauch stammt aus dem 17. Jahrhundert. Damals waren die *Jobber* und *Broker*, die Beteiligungsgeschäfte im Auftrag ihrer Klienten tätigten, aus der Royal Exchange hinausgeworfen worden. So verlegten sie ihr lärmendes Metier in tolerantere Gegenden, insbesondere in Jonathan's Coffee House.

Die Aktienbörse oder die Stock Exchange wurde im 18. Jahrhundert eingerichtet. 1972 weihte die englische Königin ihren derzeitigen Sitz ein, obwohl Frauen generell erst ein Jahr später Zutritt erhielten. Die Spekulanten heißen hier entweder *Bulls* (Stiere), wenn sie Aktien im Vertrauen auf deren steigenden Wert kaufen, oder *Bears* (Bären), wenn sie mit fallenden Aktien spekulieren. Die *Stags* (Hirsche) reservieren sich Aktien, bevor diese überhaupt auf den

Markt kommen, um sie sofort mit Profit weiterzuverkaufen. Dieses Großwild darf sich auf dem Parkett des Stock Exchange ungehindert austoben, bis irgendwann betroffene Stille einkehrt, so wie am 27. Oktober 1987, der in die Londoner Geschichte als *Big Bang* eingegangen ist.

Dieser phänomenale Schlag ereignete sich jedoch nicht im Gefolge einer jener Katastrophen, die London in der Vergangenheit periodisch heimzusuchen schienen. Er entstand im Gegenteil aus dem Erfolg der City-Unternehmen. Zwei spektakuläre Veränderungen standen ihm Pate: einmal die Einführung eines Computernetzes, welches dem Umherrennen von unzähligen Boten mit verschlüsselten Nachrichten für die Stiere, Bären und Hirsche ein Ende setzte. Schweigsam übermitteln die Computer die Notierungen aller ausländischen Börsen, schweigsam verarbeiten sie die per Tastatur eingegebenen Angebote und Nachfragen. Auf halbem Weg zwischen Tokio und New York liegt London geradezu ideal als Zwischenstation auf dem rund um die Uhr bewegten Weltmarkt.

Die zweite Veränderung war weniger offensichtlich, dafür um so folgenschwerer: es handelte sich um die Abschaffung des Börsenmakler-Monopols, wobei alle Geschäftsbanken Zugang zu dem Computernetz erhielten und gleichzeitig zu einem Markt, auf dem wie wild spekuliert wurde. Nachträglich scheint die Bezeichnung *Big Bang* wohlverdient, da das Computersystem im großen Krach von Oktober 1987 den allgemeinen Kurssturz noch verschlimmerte, indem es jeden Verlust sofort auf die Angebote übertrug ...

Thomas Gresham, ein bekannter Finanzmann der Epoche von Königin Elisabeth, hatte als erster einen Geldmarkt am heutigen Sitz des Royal Exchange eingerichtet. Das wundervolle Gebäude beherbergt jetzt den *London Interna-*

tional Financial Future Exchange. Er ist viel interessanter zu besichtigen als die moderne Stock Exchange, weil hier noch die Kurse ausgerufen werden. Den jungen Leuten – gelbe Jacken für die *Runners*, rote für die *Traders* – die hier entsprechend einem kodierten Ruf- und Gebärdensystem Geschäfte abwickeln, ist er heilig. Hier wird nicht weniger als die Zukunft verwettet, denn es geht um den Kauf oder Verkauf von Waren, die noch gar nicht auf dem Markt sind: Tresortitel, angekündigte Aktien oder zu erwartende Devisennotierungen. *Runner* und *Trader* müssen jung sein – nicht älter als dreiundzwanzig – denn es gilt schnell und folgerichtig zu denken. Ein *Runner* muß in der Lage sein, mit Millionenbeträgen kopfzurechnen, während er zwischen zwei Maklern (*Brokers*) hin- und herrennt. Puterrot oder bleich vor Aufregung hüpfen sie rastlos umher und kauen an den Fingernägeln, wann immer sie ihre Hände nicht für ihre eigentümliche Zeichensprache brauchen.

Lloyd's sagenhafte Geschichte hängt wiederum mit den Handelsschiffen in der Geschichte des einstigen Weltreiches zusammen und mit den Versicherungen zum Schutze ihrer Reisen und Frachten. Schon im 17. Jahrhundert war es üblich, daß sich Kaufleute, Kapitäne und Reeder in Lloyd's Coffee House trafen. Die Versicherungsagenten hießen damals *Underwriters* (Unterzeichner). Bis heute ist Lloyd's schlicht ein Zusammenschluß solcher *Underwriters* geblieben, nicht etwa ein einziges Unternehmen, die das Risiko absichern. Die Geschäftsangebote werden ihnen in dem weitläufigen Verhandlungssaal von *Brokern* zugetragen, die als Interessenvertreter der Klienten die Konkurrenz unter den *Underwriters* beleben.

Lutine Bell, eine Schiffsglocke im *Underwriting Room*, ist das einzige Überbleibsel einer französischen Fregatte, die im Jahre 1799 eine Ladung von Gold und Silber auf den

Meeresboden fuhr und Lloyd's damals eineinhalb Millionen Pfund Sterling kostete. Seither läutet diese Glocke immer dann, wenn wichtige Neuigkeiten zu melden sind: ein Glokkenschlag für gute, zwei Schläge für schlechte Nachrichten. Das in der Besuchergalerie ausliegende Schadensregister, das *Loss Book*, blieb auf der Seite aufgeschlagen, wo der Untergang der Titanic vermerkt wurde.
Wohl scheuen die Unterzeichner vor reiner Spekulation zurück, doch sind sie für Extravagantes durchaus aufgeschlossen; ob es nun darum ging, die Beine von Marlene Dietrich zu versichern oder eine Police für Whiskyfabrikanten auszustellen, die eine Prämie für den Fang des Ungeheuers von Loch Ness ausgesetzt hatten.

Der Londoner Tower

Am südöstlichen Rand der City steht das älteste Bauwerk, der furchterregende Tower, Zeuge von Morden, Hinrichtungen und Liebesaffären. Dieser Ausbund an Romantik ist eins der seltenen Gebäude, deren romanische und mittelalterliche Teile erhalten geblieben sind.
Heutzutage wirkt die Festung wie erdrückt durch die modernen Hochhäuser rundum. Schwer vorstellbar, daß er den Londonern einst Angst und Schrecken einjagte. Obgleich der Tower höchstens noch an die Kulisse eines schlechten Melodrams erinnert, ist er nach wie vor Schauplatz eines täglichen Rituals, der sogenannten Schlüsselzeremonie um 21.50 Uhr, und dies seit nunmehr siebenhundert Jahren. Nach der Schließung übergibt der Kommandant der *Yeomen Warders* die Schlüssel der Turmwache, die daraufhin salutiert; worauf er seine Mütze lüftet und ruft: »Gott schütze Königin Elisabeth!« und die Begleitmannschaft antwortet: »Amen.« Auf diese Weise verbringen die

Bewohner des Towers, etwa hundertfünfzig an der Zahl, die Nacht unter sicherem Verschluß.
Zu den Alteingesessenen zählen auch die berühmten Turmraben. Ihrer sechs sind Gegenstand der liebevollen Betreuung durch einen *Ravenmaster* (Rabenmeister). Im übrigen sorgen sie dafür, daß ganz England hin und wieder ehrfurchtsvoll erzittert, denn die Boulevardpresse züchtet hartnäckig die Legende, daß das Verschwinden dieser Raben das Ende des Königtums bedeuten würde. Dies gilt es zu verhindern, so daß ihre Flügel gestutzt werden ... Aber ach! Raben begatten sich nur im Flug. Das Dilemma ihres Fortbestandes muß deshalb so gelöst werden, daß heimlich neue Raben aus Schottland oder dem Land der Gallier eingeführt werden. Denn die Nachricht ihres etwaigen Aussterbens hätte sicherlich katastrophale psychische Folgen für die (geistige) Verfassung der Nation ...

Zweiter Teil

Die Docklands

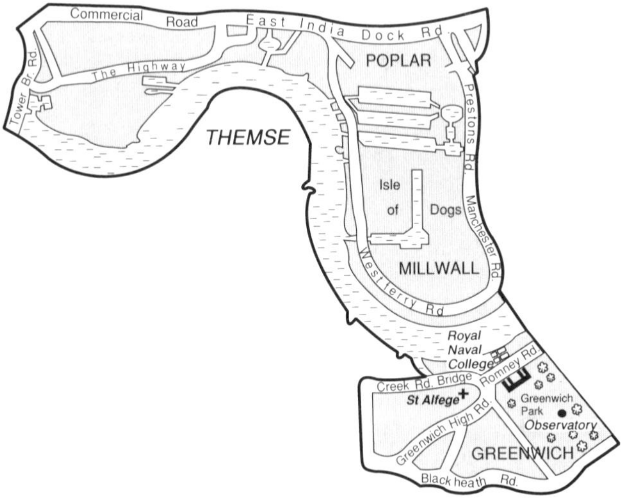

Die Docklands auf den ehemaligen Docks des Londoner Hafens sind die gewaltigste europäische Baustelle des ausgehenden 20. Jahrhunderts. Die fünfzehn Quadratkilometer, auf denen das englische Industrie- und Kolonialzeitalter gedieh, sollen zu einer neuen Stadt mitten in London ausgebaut werden. Die Londoner haben die Herausforderung angenommen – mit der üblichen Entschlossenheit und ihrer traditionellen Verachtung allen Planens gegenüber. Nach der halbwegs abgestimmten Anlaufphase, die wenig Begeisterung hervorrief, überließ die Regierung die *Isle of Dog* (Hundeinsel) als »freie Unternehmenszone«

dem Appetit der Baulöwen. Dies war das Startsignal für einen Ansturm, der aus dem unvollendeten, mit Bauschutt überhäuften Viertel eins der teuersten Pflaster dieser Welt machte. Die Regierung wies die allseitigen Vorwürfe wegen ihrer extravaganten Entscheidung mit dem Hinweis zurück, daß doch immerhin Arbeitsplätze geschaffen worden seien.

Ein Rundgang durch dieses entstehende Viertel ist durchaus eindrucksvoll. Kräne zergliedern den Raum, in dem alle Baustoffe Verwendung finden: Glas, Aluminium, Ziegel, Holz und Beton. Neue Siedlungen wachsen auf gut Glück. Alte Lagerhäuser werden erhalten, andere durch seltsame Jachthäfen ersetzt, deren Anwohner darauf bestehen, in den alten Becken bei eisigem Wind zu surfen. Hier wird einfach wild drauflos gebaut, ob gut oder schlecht.

Mitten im Dockland ragt wie eine Festung das Gebäude der *Times* empor, die wegen heftiger sozialer Konflikte wie eine Kaserne bewacht wird. Außerdem gibt es hier den neuen Billingsgate-Markt, einen Flughafen, alle möglichen Residenzen, die per »Vaporetto« (Schiff) zugänglich sind, sowie eine neue, vollautomatische Eisenbahn, den *Dockland Light Railway*, der zwar keinen Zugführer mehr braucht, zu Zeiten aber einen Kontrolleur, einen Informatiker und mehrere Ingenieure – behaupten die Spötter. Wenn er nicht gerade eine Panne hat, bringt er seine Fahrgäste in wenigen Minuten vom Londoner Tower zum Dockland, in kleinen, panoramaverglasten Waggons, die so sehr an Spielzeuge erinnern, daß jeder darauf gefaßt ist, mitten in Disneyland wieder auszusteigen. Dabei könnte das Dockland eher mit der Landschaft der *Metropolis* des Regisseurs Fritz Lang verwandt sein.

Die moderne Dockland-Baustelle wiederholt den viktorianischen Traum, der sich in der Errichtung der *Wharfs* (Lagerhäuser) und der Warendepots verwirklicht hatte. Ein

1802 veröffentlichter Prospekt wäre die beste Werbung für die neuen Bauherren: »Wer Gelegenheit hat, die West India Docks und ihre Ausläufer zu besichtigen, wird überwältigt sein von ihrer Größe sowie von der darin investierten Intelligenz, dem Sachverstand und der Mühe für dieses kaiserliche Werk, das von vergangenem Ruhm zeugt und künftigen Wohlstand verheißt.« Glaubt man den für das Dockland verantwortlichen Regierungsbeamten, so steht Großbritannien an der Schwelle einer neuen, triumphalen Ära: »Als Brunel die Docks im vorigen Jahrhundert anlegte, galt es, einen Teil des wachsenden Weltmarktes zwischen Ost und West zu erobern. Großbritannien siedelte auf seinen Docks Geschäfte an, dank derer es zur mächtigsten Nation der Welt aufstieg. Der Leitgedanke für das neue Dockland unterscheidet sich lediglich insofern, als die vom *Big Bang* stimulierten Finanzmärkte angesprochen werden sollen. Die *Isle of Dogs* wird Mittelpunkt eines neuen Imperiums sein, des Kapitals.«

Es tut daher not, die industrielle Landschaft der alten Docks zu beseitigen und zu transzendieren. Jene sind in all ihrer Schwärze und Düsterkeit zum Symbol des Elends, der Arbeitslosigkeit und des britischen Zerfalls geworden. Sie waren das Ergebnis der Begegnung zweier entgegengesetzter Gesellschaftsklassen: den im imperialen Handel engagierten Finanzleuten der City und den Hafenarbeitern mit ihren Familien, welche die besonderen kulturellen Traditionen des East End pflegten. Dieser Gegensatz hat sich heute noch verschärft: zwischen den Wohnklötzen *(Council Houses)* der Ärmsten ragen moderne Gebäude mit so exorbitanten Mietpreisen auf, daß sich nur die *Yuppies* aus der City dort eine Wohnung leisten können.

Mit der *Dockland Light Railway* können Sie auch bis zur Station Mudchute mitten im Dockland fahren, um »die

Schafe anzuschauen«. Das Glück der Londoner wäre nicht vollkommen ohne diese Tiere, die sie in ihrer Freizeit streicheln und loben. Der Mudchute-Hof erinnert daran, daß viele Londoner Stadtteile früher Bauerndörfer waren. Der Name Muchchute stammt daher, daß hier einst der sich in den Hafenbecken absetzende Schlamm abgelagerte wurde. Derselbe Zug führt bis zu dem Jagdrevier Island Gardens am Ende der Hundeinsel. Hier wurden die königlichen Meuten abgerichtet. Auf dem anderen Themseufer sieht man das Observatorium von Greenwhich oben auf dem Hügel, und weiter unten einen der schönsten Plätze der englischen Renaissance: das Queen's House, erbaut nach den Plänen von Inigo Jones, und das Royal Naval Hospital von Christopher Wren.

Greenwich

Inigo Jones, geboren 1573, nahm als erster Engländer den Einfluß von Palladio auf und verfremdete dessen Stil in seinen Londoner Bauwerken. Neben dem Königspavillon in Greenwich und dem Festsaal in Whitehall schuf er die Gärten von Lincoln's Inn und die *Piazza* in Covent Garden, wovon die kleine St. Paul-Kirche übriggeblieben ist, die Jones als die »schönste Scheune Londons« gepriesen hatte.

Wren entsetzte ein Jahrhundert später Königin Henriette, die Gemahlin von Karl II., mit seinen Plänen für das Royal Naval College: ihre Verwirklichung hätte den Blick auf den Pavillon der Königin von Inigo Jones völlig verbaut. Wren mußte sein Vorhaben ändern. Deshalb zwängt das Royal Naval College den Palast der Königin Anne ein, jedoch ohne ihn zu verdecken. Und somit stellt sich dem

PUNCH & JUDY
EST. 1787
COURAGE
Uncle Percy's
Old English
Punch & Judy

BAR CREPERIE

Blick des Betrachters am Themseufer, das hier venezianische Züge annimmt, gleichzeitig das Werk der beiden brillantesten englischen Architekten dar. Wer es ausgiebig und ungestört bewundern will, sollte den Fluß zu Fuß durch einen seltsamen unterirdischen Gang (*Greenwich Footpath*) aus dem Jahre 1902 durchwandern und anschließend gleich Greenwich besichtigen. Das bekannte Observatorium krönt den Hügel hinter den klassischen Bauten. Sein Meridian zeigt die Weltzeit an. In seinem Roman *Der Geheimagent* machte Joseph Conrad das Observatorium zum Ziel vermeintlicher Terroristen.

Im Dorf stehen schöne Häuser im reinsten Baustil des 18. Jahrhunderts, eine Kirche von Hawksmoor, St. Alfege, und ein kleiner Friedhof – typisch insofern, als die alten Grabsteine in mehreren Reihen entlang der Kirchenmauern aufgestellt wurden, so daß die Kirche nur noch Rasen umgibt.

Auf dem Weg zum Royal Naval College empfiehlt es sich, ein Glas Bier im *Trafalgar Tavern* zu leeren, einem besonders gemütlichen *Pub*, der sachte im Wasser zu versinken scheint. Diese Stimmung nehmen Sie dann am besten auf das Schiff mit, das Sie am Landesteg in der Nähe von *Cutty Sark*, dem letzten und bekanntesten *Tee-Clipper*, heute als beeindruckendes Galeonsfiguren-Museum eingerichtet, besteigen können. So eine Flußfahrt, bei Sonnenuntergang zumal, ist der malerischste Rückweg ins Herz von London, die denkbar spektakulärste und ergreifendste Annäherung an eine Hauptstadt.

6
West Kilburn Shirland Road
Marble Arch Oxford Circus
Charing Cross Bank
Liverpool Street Shoreditch

Dritter Teil

Westminster und St. James

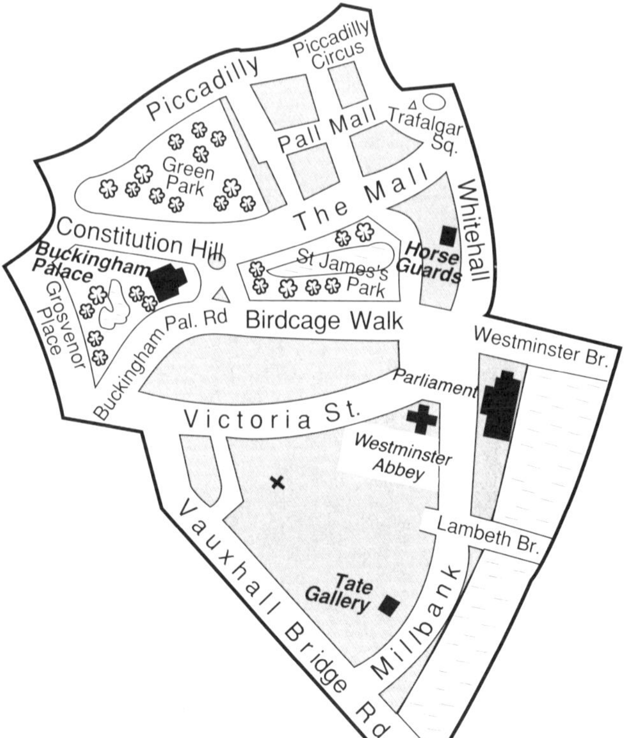

Eines schönen Sommermorgens im Jahre 1802 überquerte ein junger Mann die Brücke von Westminster, unterwegs zum Kontinent: es handelte sich um William Wordsworth, der meistgelesene romantische Dichter in England (wenngleich sich viele Schüler dieser Übung nur maulend unterziehen). Jeder kennt sein Gedicht *Upon Westminster Bridge*:

> This City now doth like a garment wear
> The beauty of the morning; silent, bare,
> Ships, towers, domes, theatres, and temples lie
> Open unto the fields and to the sky ...

> Nun trägt die Stadt, wie ein Gewand die Frau,
> Des Morgens Schönheit: schweigend jeder Bau
> – Theater, Schiff, Turm, Kuppel, Tempel – steht
> Vor Feld und Himmel, wo kein Lüftchen weht ...

Nicht ohne Humor weisen die Londoner gerne darauf hin, daß zwei ihrer großen Institutionen sich in Form von stattlichen Palästen an der Themse gegenüberstehen: die Kirche im Lambeth Palace am Südufer und der Staat im Parlament in Westminster. Letzterer verdankt sein eigenwilliges Aussehen der traditionsbewußten Altertümelei des 19. Jahrhunderts, wie so oft in London. Nach einem Brand, der 1834 das alte Parlament zerstörte, dachten sich die Architekten Barry und Pugin ein verrücktes neogothisches Bauwerk aus, voller Türmchen, Nischen und Wappen, mit Denkmälern aller Herrscher von Wilhelm dem Eroberer bis zu Victoria geschmückt. Am Rande vermerkt: Barry starb bei dieser Aufgabe an Erschöpfung, und Pugin endete in einer Irrenanstalt.

Das Gebäude ist streng symmetrisch angelegt mit Ausnahme seiner zwei Türme, dem Victoria Tower und dem berühmten Clock Tower, genannt *Big Ben* zu Ehren von Benjamin Hall, der seinen Bau leitete. Die Uhrzeit wird immer wieder richtig eingestellt, indem man einen Haufen (englischer) Münzen auf dem Plateau des Uhrenpendels je

nach Bedarf vergrößert oder verkleinert.
Getreu der nationalen Manie für Stilvermischungen und der Einbettung historischer Denkmäler in moderne Hochbauten wurden der ehemalige Königspalast, eine Krypta des 18. Jahrhunderts, das vom Heinrich VIII. im 16. Jahrhundert erbaute Kloster St. Stephen und die Überreste der prächtigen Westminster Hall aus dem 11. Jahrhundert (eins der schönsten Beispiele des Zimmerhandwerks in der Welt) in Westminster integriert. In Westminster Hall hatte Richard II. zugunsten des Frondeurs Heinrich Bolingbroke, des späteren Heinrich IV. von England, abgedankt. Shakespeare griff dieses Ereignis in einer bewegenden Szene in *Richard II.* auf:

Richard VI.:
»Merkt auf, wie ich mich nun vernichten will:
Die schwere Last geb' ich von meinem Haupt,
Das unbeholfne Zepter aus der Hand,
Den Stolz der Herrschaft aus dem Herzen weg,
Mit eignen Tränen wasch' ich ab den Balsam,
Mit eignen Händen geb' ich weg die Krone,
Mit eignem Mund leugn' ich mein heil'ges Reich.«

Ebenfalls an diesem Ort wurde Karl I. im Jahre 1649 zum Tode verurteilt. Cromwell wurde hier 1653 zum *Lord Protector* berufen und büßte fünf Jahre später seinen Kopf ein, der dann dreiundzwanzig Jahre lang einen Pfahl zierte! Doch der notorischste Verräter war natürlich Guy Fawkes, dessen Pulver-Attentat (gunpowder plot) das Parlament bei der Eröffnungssitzung 1605 nur knapp entging. Noch immer wird diese – verhinderte – Untat alljährlich am 5. November mit massenhaft Knallfröschen und Feuerwerken gefeiert. *»Remember, Remember the 5th of November«*, rufen die Kinder und verlangen von jedem Passanten einen *Penny for*

the guy, wobei mit *Guy* eine der hundertfach aus Altpapier und Lumpen hergestellten Puppen von Guy Fawkes gemeint ist. Am Abend des 5. Novembers werden sie in zahlreichen Freudenfeuern verbrannt und erhellen Parks, Grünanlagen, Plätze und Privatgärten in London.
Wohl entging Westminster der Pulver-Verschwörung, nicht aber den Bombardierungen im letzten Weltkrieg: im Mai 1941 mußten die Unterhaus-Abgeordneten deshalb entgegen jeder Tradition auf die roten Ledersitze des *House of Lords* (Oberhaus) umziehen, jenem nämlich, dem der *Lord Chancellor* auf einem *Woolsack* (Wollsack) vorzusitzen pflegt. So kann sich niemand der Einsicht verschließen, daß Englands Reichtum vom Wollhandel stammt.

Das Parlament

Das Parlament, wie auch die Justiz, hält verbissen an den Ritualen und Hierarchien fest, die auch andere männliche Institutionen wie die Internate, die »guten« Universitäten (Cambridge und Oxford) und die Clubs kennzeichnen. So besitzt das Parlament eine eigene Bibliothek, Statuen von seinen verdientesten *Old Boys*, eine Sporthalle, eine Kapelle und sogar eine *Matron* (Krankenschwester), deren Anwesenheit gleichzeitig etwas Mütterliches und Erschreckendes an sich hat. Tatsächlich funktioniert das Parlament wie ein Pensionat. Die regierenden Kabinettminister und die Mitglieder des *Shadow Cabinet* (der Opposition) dürfen als die wichtigsten Persönlichkeiten auf den vordersten Bänken sitzen und heißen deshalb *Frontbenchers*. Hinter ihnen drängen sich die Abgeordneten ohne Auszeichnung, die *Backbenchers*. Diese müssen nach ihrer Antrittsrede, der *Maiden Speech* (Jungfernrede) mehrere Jahre lang im »Schatten« verbringen, bis der Ministerpräsident oder der

Oppositionsführer ihnen seine Gnade zuteil werden läßt und sie ins Licht der Vorderbank rückt.

Den *Whips* (Einpeitscher) kommt es als den »Älteren« zu, die Neuen während ihrer Lehrzeit in die fremden Lokalbräuche einzuweihen – und sie zu striezen. Ihre offizielle Aufgabe besteht darin, ihre Parlamentsgruppe zu führen, die Anwesenheit von Abgeordneten und Lords zu überwachen und sie vor allem auf parteikonformes Abstimmen zu verpflichten. Ihr Chef, der *Chief Whip* einer jeden Partei, spielt eine Hauptrolle in den Beziehungen zwischen der Exekutive und der Opposition auf der einen Seite und den Parlamentariern auf der anderen. Freilich müssen die *Whips* ein wenig Fingerspitzengefühl zur Herstellung des Gleichklangs beweisen, weil sie sonst leicht den Kontakt zur Basis verlieren. Aus diesem Grund werden lediglich die wichtigen Abstimmungen von einer *Three-Line Whip* begleitet, also einer dreimal unterstrichenen Anweisung, über die sich keiner hinwegsetzen darf.

Das mit einer *Two-line* oder *One-line Whip* empfohlene Wahlverhalten läßt Abweichungen für Dissidenten und Exzentriker zu. Von einem etwaigen Fernbleiben wird streng abgeraten, da nicht per Vollmacht abgestimmt werden kann. Wer nicht teilnehmen kann, muß sich mit einem Kollegen aus der Opposition (einem Gleichwertigen oder *Pair*) verständigen, damit dieser aus Zartgefühl ebenfalls abwesend bleibt – ein Zuvorkommen, das bei späterer Gelegenheit natürlich erwidert wird.

Jede Sitzung im Unterhaus wird mit einer feierlichen Prozession eröffnet. Vorneweg schreitet der für die Ordnung im Parlament verantwortliche *Sergeant at arms*, der die goldenen Wappen als Symbol der Autorität des Parlaments trägt. Dahinter kommt der *Speaker* (Präsident des Unterhauses) mit Perücke und einer langen Robe, deren

Schleppe von einem Assistenten gehalten wird. Er wird vom Kaplan gefolgt, der das Gebet leitet, und einem Sekretär. Nun erst kann das Unterhaus zur Fragestunde und zur Debatte über Gesetzesvorhaben übergehen.

Die mündlichen Fragen sind oft äußerst bösartig, wenn es darum geht, die Minister in eine Falle zu locken, sie in die Enge zu treiben, damit sie entweder mehr zusichern als sie eigentlich wollen oder aber sich selbst oder ihren Kollegen widersprechen. Überdies werden sie stets in der letzten Minute verändert, um vorgefertigte Antworten zu vermeiden. Jeffrey Archer, der dauernde Freund und zeitweilige Berater – zwischen zwei Skandalen – von Margaret Thatcher, beschreibt das Vorgehen wie folgt: »Alle Mitglieder des Parlaments teilen ihre Fragen dem Minister vorab in harmloser Form mit, etwa: »Wann will der Minister nach Aberdeen reisen?«. Darauf meint der Betroffene, er könne unverbindlich antworten, daß er das nicht wisse oder keine derartige Reise in nächster Zukunft plane. In der Sitzung jedoch fragt der Abgeordnete getreu der Regel, das Thema der Frage nicht zu ändern: »Ist der Minister davon unterrichtet, daß Aberdeen die größte Arbeitslosigkeit in Europa hat, und kann er Lösungsvorschläge anbieten?« Der arme Minister muß dann auf der Stelle eine befriedigende Antwort hervorzaubern.

Aus diesem Grund sind seine Berater am Vortag damit beschäftigt, den Text der Fragen sorgfältig auf versteckte Fallen abzuklopfen.«

Kein Wunder, daß die Minister schriftliche Fragen vorziehen, denn hier lassen ihnen die parlamentarischen Spielregeln zwei Vorwände zum Ausweichen. Erstens: Die Regierung kann nicht für das Handeln früherer Regierungen verantwortlich gemacht oder auch nur zur Auskunft gezwungen werden. Zweitens: Die zur Beantwortung einer Frage notwendigen Nachforschungen dürfen das Ministerium nicht mehr als zweihundert Pfund kosten ...

Der Speaker

An die Fragestunde schließt sich die Diskussion der Gesetzesvorlagen und -anträge an. Die Debatte läuft ebenfalls nach genauen Regeln ab: niemals dürfen sich die in zwei Lagern gegenübersitzenden Abgeordneten unmittelbar ansprechen. Sie tun vielmehr so, als wendeten sie sich ausschließlich an den *Speaker*, und nennen ihren eigentlichen Gesprächspartner nur in der dritten Person. Vorsichtshalber verläuft ferner eine Trennungslinie vor der *Front Bench* jeder Partei, die sie vom *Speaker*-Pult abgrenzt und zwei Degenlängen von der gegnerischen Partei entfernt hält. Ein Überschreiten dieser Linie wird mit Ausschluß bedroht.
Trotz dieser Vorkehrungen gegen Beleidigungen oder Handgreiflichkeiten erhitzen sich die Redner gelegentlich. Die Beschimpfungen sind um so gehässiger als sie immer indirekt bleiben, und die Haltung hat etwas heimtückisch Feindseliges an sich. Wortbeiträge werden von verschiedenen Knurrlauten begleitet: einem zustimmenden »*aye*« (archaische Form von Ja; nur ein unbelehrbarer Konservativer würde es wagen, »*Yes*« zu sagen) oder entrüsteten Stöhnlauten, wenn es gilt, einen Gegner zu verunsichern. Schließlich wird abgestimmt. Dazu müssen die Befürworter des Vorschlags den Saal rechts vom *Speaker*-Stuhl verlassen, während die Opposition links marschiert. Die *Teller* zählen währenddessen aus. Am Ende jeder Sitzung fragt der *Speaker*: »*Who goes home?*« (Wer geht nach Hause?) in Erinnerung an eine Zeit, als die Abgeordneten aus Furcht vor Wegelagerern nur in Gruppen reisten.

Souveräne Macht?

England besitzt keine geschriebene Verfassung. Wie auch in manchen Justizbereichen gilt das germanische Gewohnheitsrecht *(Common Law)*, das ein geschriebenes Recht *(Statute Law)* überflüssig erscheinen läßt. Das *Common Law* ist in der Gewohnheit und dem gesunden Menschenverstand begründet, in jenem *Common Sense* also, von dem viele Engländer mit beispielloser Selbstgefälligkeit glauben, er stelle ein ethnisches Privileg und einen nationalen Rohstoff dar.

Das Kabinett *(Cabinet)* entspricht der »Regierung Ihrer Majestät«, doch agiert es völlig unabhängig vom Souverän, dessen Amt desto symbol- und traditionsbeladener ist, je weiter entfernt vom politischen Tagesgeschehen. Heutzutage herrscht ein gelassenes Verhältnis zwischen beiden, doch war dies nicht immer so: Königin Victoria versuchte, in politische Entscheidungen mit mehr oder weniger Fingerspitzengefühl einzugreifen. Karl I. war sogar ins Unterhaus eingedrungen, um vier Abgeordnete festnehmen zu lassen, und hatte damit einen schwerwiegenden Fehler begangen, der ihm nichts Gutes eintrug, denn wenige Jahre später verurteilte ihn das Parlament zum Tod durch Enthauptung. Seither ist niemals wieder ein König im Unterhaus zugelassen worden.

Folglich besteht die Taktik des Parlamentes seit Jahrhunderten darin, sich den Ansprüchen der Monarchen zu widersetzen, indem es angeblich in ihrem Namen handelt. So gehören beispielsweise alle öffentlichen Einrichtungen in England dem Souverän, von den Gefängnissen bis zu den Briefkästen, doch ist er genau in diesem Bereich völlig machtlos. Wohl empfängt die Königin den Ministerpräsidenten einmal wöchentlich, um mit ihm laufende Geschäfte zu bereden, doch hat sie keinerlei Weisungsbefugnis. Seit

Heinrich VIII. steht die Königin an der Spitze der anglikanischen Kirche *(Church of England)* und herrscht außerdem über sechzehn Länder des Commonwealth. Elisabeth II. garantiert die demokratischen Freiheiten, doch kann sie sich im Falle ihrer Mißachtung nur zurückziehen. Deshalb verzichtete sie auch auf ihre königlichen Rechte über die Fidji-Inseln nach dem Militärputsch 1987.

Die Einsicht in sämtliche wichtigen Dokumente des Kabinetts und des Außenministeriums macht die *Queen* zweifellos zu einer der bestunterrichteten Personen über die Angelegenheiten des Reiches. Also gibt sie ihr Einverständnis *(Royal Assent)* zu den Gesetzen des Unterhauses als Kennerin und ebenso besonnene wie geschätzte Expertin. Aber hätte sie denn die Möglichkeit, Nein zu sagen?

Alljährlich im November (und nach jeder Legislaturwahl) begibt sie sich ins Oberhaus, angetan mit dem traditionellen Hermelinmantel und der Königskrone, um die Parlamentssitzung feierlich zu eröffnen und »ihre« politische Ansprache zu halten. Doch wurde diese natürlich vom Ministerpräsidenten verfaßt. Auf diese Weise sind die Königin (und ihre Familie) vor allem mit unzähligen Zeremonien beschäftigt – Einweihung von Krankenhäusern und Bahnhöfen, Vorsitz bei Veteranen-Banketten, Besuche bei Wohltätigkeitsverbänden – die ihr gar keine Zeit lassen, sich in die Politik einzumischen, selbst wenn sie dies wollte. Zugleich wird der Ministerpräsident um ebenso viele zeitraubende Pflichtübungen entlastet, so daß er sich seinerseits ausschließlich den Staatsgeschäften widmen kann.

Die britischen königlichen Zeremonien obliegen traditionell den Herzögen von Norfolk, denen schon immer eine lakonische Art nachgesagt wurde. Anläßlich der Investitur von Charles als Prinz von Wales stellte sich heraus, daß bei schlechtem Wetter nicht alle hochrangigen Gäste Platz unter der überdachten Tribüne finden würden. Die wegen der Launen des *Weather* besorgten Veranstalter fragten: »Und wenn es regnet?« »Dann werden wird naß«, entgegnete der Herzog von Norfolk.

Das Budget

Alle Engländer, vor allem aber die Finanzkreise der City, fiebern dem *Budget Day* entgegen, an dem der Haushalt im Parlament angekündigt wird. Die Haushaltsplanung, vornehmlich die Steuerpolitik, wird so gut wie möglich geheimgehalten, bis der Kanzler das Wort vor dem Unterhaus ergreift. An diesem Tag ist die *Strangers Gallery* (Besucherränge) vollbesetzt mit Journalisten und Mitgliedern des Oberhauses. Auch die Abgeordneten wetteifern um die besten Plätze: die Konservativen reservieren sich ihre Sitze, indem sie eine auf ihren Namen ausgestellte *Prayer Card* (Gebetskarte) dort liegen lassen. Nach Meinung der Labour-Abgeordneten läßt dieses System an Demokratie zu wünschen übrig, weshalb sie sich lieber früher einfinden. Die Agnostiker beider Lager, die am Gebet überhaupt nicht teilnehmen, begnügen sich mit den übriggebliebenen Plätzen. Die Parlamentarier legen an diesem Tag besonderen Wert darauf, ihre politische Zugehörigkeit eindeutig klarzumachen. So sieht man etliche Zylinder und Seidenwesten bei den Konservativen, Arbeitsanzüge und Schutzhelme in den Reihen der Arbeitervertreter.
Gegen drei Uhr nachmittags tritt der Kanzler aus seinem Büro in der Downing Street Nummer 11 und präsentiert den wartenden Journalisten die berühmte Lederschatulle, von Gladstone erstmals benutzt, in der sich die Ansprache nebst Budgetaufstellung befindet. Dann fährt er ins Parlament, wo die Debatte ausnahmsweise vom *Chairman of*

Ways and Means moderiert wird, da es dem *Speaker* als Repräsentanten des Königshauses schlecht anstünde, die Diskussion über die Finanzen des Reiches zu führen. Der Kanzler verkünstelt sich mit einer absichtlich langatmigen und undurchsichtigen Rede, um die eigentliche Ankündigung der Finanz- und Steuerpolitik hinauszuzögern, bis die Börse geschlossen wird und er ein entsprechendes Signal erhält. Sobald nämlich das Haushaltsprogramm bekannt ist, wird es den Börsenmaklern von eigens dafür angestellten jungen Boten im Dauerlauf durch die City zugetragen.

Die hohe Verwaltung

Whitehall heißt die Allee zwischen Trafalgar Square und Westminster. Links und rechts davon reihen sich die Ministerien aneinander, so daß Whitehall deshalb – oft abfällig – als Bezeichnung für die Zentralverwaltung und ihre Bürokratie im Allgemeinen steht. Whitehall ist die Domäne der *Civil Servants*, der Beamten, welche die Regierungen überdauern, deren Beschlüsse sie unparteiisch umsetzen müssen. Wenn auch die *Civil Servants* diese Regel streng befolgen, so erscheint Whitehall im Volksglauben doch wie eine anonyme Eigenmacht, deren Schwerfälligkeit und haarspalterische Umständlichkeit auch den eigensinnigsten Ministerwillen beugen.

Ebenfalls in Whitehall befindet sich die Kaserne der *Horse Guards* (berittene Wächter), deren Wachablösung zu den geschätzten Touristenattraktionen gehört. Zu Beginn dieses Jahrhunderts mußte ein *Guardsman*, Soldat aus den Elite-Regimentern zum Schutz der Monarchie, jeden Gardeoffizier grüßen, der ihm auf der Straße begegnete, und sei es in Zivilkleidung. Um das Erkennen zu erleichtern,

hatten die Offiziere den Stockschirm und die Melone als heimliche Symbole gewählt – wobei der Schirm immer ordentlich im Futteral steckte, egal wie das *Weather* war. (Die Geschäftsleute der City übernahmen diese »Uniform« später, tragen sie heute aber nur noch zu bestimmten Anlässen.) Wundern Sie sich deshalb nicht, wenn der Wachsoldat plötzlich ohne ersichtlichen Grund stramm steht: er hat in dem perfekten Gentleman, der gerade mit zusammengefaltetem Schirm und tadelloser Melone an ihm vorbeispaziert, einen Vorgesetzten erkannt.

Gegenüber der Horse Guards erhebt sich die Banqueting Hall von Inigo Jones, ein schönes Gebäude, das inzwischen jedoch nahezu unter der Wucht des Verteidigungsministeriums verschwindet. Dieses 1622 anstelle eines elisabethanischen Saals errichtete, herrliche Beispiel palladinischer Architektur ist der einzige noch erhaltene Teil der früheren königlichen Residenz. Damals war sie von *ihrem* Parlament und *ihrer* Finanzverwaltung umgeben sowie vom Palast des Erzbischofs, um die Ordnung zu vollenden.

An der Aufzählung der berühmten Adressen in diesem Viertel würde etwas Wichtiges fehlen ohne die kleine Sackgasse von Downing Street: das Haus Nummer 10 beherbergt die Büros und die Wohnung des Ministerpräsidenten, der Kanzler wohnt in Nummer 11, der *Chief Whip* der Regierungspartei sitzt in Nummer 12. Diese Gesellschaft trifft sich beim Ministerpräsidenten zu den häufigen Sitzungen des Kabinetts wieder, das letzten Endes eine kollegiale Institution dastellt.

Die privaten »öffentlichen Schulen«

Etwas abseits von den Wallfahrtsorten des Tourismus tut es gut, sich in einigen sehr ruhigen, aber nicht weniger sinnbildlichen Straßen umzusehen. Durch das Tor von Westminster Abbey gelangen wir zum Deans Yard, einem friedlichen Platz, wo sich eine der renommiertesten *Public Schools* (»Öffentliche« Schulen) von England, die Westminster-Schule, niedergelassen hat. Bei einer *Public School* handelt es sich gemäß der unvergleichlichen englischen Logik selbstverständlich um ein streng privates Institut, das seinen Zöglingen jene elitäre und strenge Erziehung angedeihen läßt, die zum Symbol des alten England geworden ist. *Public* heißt es, weil es Kinder aus dem gesamten britischen Reich aufnimmt, während die wirklich öffentlichen Schulen für eine Gemeinde oder einen Stadtteil zuständig sind. Eine verschwindend kleine Minderheit junger Engländer wird vom Kindergartenalter an bis zum Gymnasium in Privatschulen unterrichtet, die freilich nicht alle den Ruf des berühmten Eton, Rugby oder Harrow aufweisen, auch nicht deren Methoden. Für die Aufnahme in eine dieser *Independent Schools*, wie sie sich selbst gerne nennen, genügt es nicht, reiche Eltern zu haben, obgleich es hilft, denn die Kosten belaufen sich leicht auf umgerechnet rund sechstausend Mark pro Trimester. Zusätzlich werden die Bewerber mittels einer schwierigen Aufnahmeprüfung gesiebt. Die Erziehung enthält alle Zutaten, die notwendig für die Bildung von Eliten zu sein scheinen: kontinuierliches Sporttraining, das Studium vor allem der Musik sowie der griechischen und der lateinischen Sprache, und eine grimmig behauptete Hierarchie unter den Schülern. Diese leben unter der Fuchtel von Älteren, den aufsichtsführenden *Prefects*, und von Gleichaltrigen, den *Class Leaders* (Klassensprechern). Außerdem werden sie häufig auf rivalisierende »Häuser« verteilt, deren Ehre, Farben und Losung sie verteidigen müssen. Diese Erziehung wird von den meisten Briten als Ausdruck der Arroganz der *Upper Class* abgelehnt, zugleich jedoch beneidet und respektiert. Jedenfalls hat sie beachtliche Erfolge vorzuweisen. Zwar wird sie nur von sechs Prozent aller Schüler absolviert, doch machen diese dann zwanzig Prozent der Studenten aus, obwohl auch die Universitäten ein strenges Auswahlverfahren anwenden. Die traditionellen Schulen haben es verstanden, sich den naturwissenschaftlichen und technischen Anforderungen anzupassen, und gelten heute als Avantgarde des neuen Unternehmergeistes, oft als »Thatcherismus« bezeichnet. Das deutlichste Beispiel für diese Entwicklung stellt eben die Westminster School dar, 1560 von Elisabeth I. gegründet und noch immer in den Räumlichkeiten aus dem 16. Jahrhundert untergebracht, wo die Arbeitstische aus dem Holz der spanischen Armada gezimmert sind. Gewisse mit den historischen Anfängen der Einrichtung verbundene Vorrechte kommen den Schülern zugute: sie dürfen beispielsweise an der Krönungszeremonie teilnehmen. In Westminster Abbey führen sie jedes Jahr Komödien von Plautus oder Terenz auf, gespickt mit lateinischen Anspielungen auf das politische Tagesgeschehen. Andererseits kann ihnen in Informatik keiner etwas vormachen. Ihr Sinn für *Business* wird frühzeitig gefördert und erprobt, indem sie ermuntert werden, eigene Unternehmen innerhalb der Schulmauern zu gründen, deren Profite auch dort reinvestiert werden.

Hinter Deans Yard verlaufen erstaunlich ruhige Straßen mit schönen georgianischen Häusern, in denen viele Mitglieder des Parlaments ihr Zimmer haben, das sie nur während der Sitzungsperiode benutzen, da sie nach Art jedes Engländers, der das nötige Geld dazu hat, fast alle »auf dem Land« (also in einem Dorf) wohnen. Etwas weiter, hinter der Lord North Street, kommt man zu einer seltsamen, barocken Kirche mitten auf dem Smith Square: St. John. Der Legende zufolge verdankt sie ihre unzeitgemäße und wuchernde Gestalt einer Laune der Königin Anne. Vom Architekten Thomas Archer 1713 gefragt, welche Art von Kirche sie gerne hätte, stieß sie einen Hocker um und deutete darauf mit den Worten: »So eine«.

Die Tate Gallery

Folgen Sie weiter dem Lauf der Themse, immer dem Victoria Embankment nach, so gelangen Sie zur Tate Gallery im alten Pimlico-Viertel. Die Galerie zeigt einen der umfassendsten Querschnitte der englischen Malerei seit der Renaissance und enthält außerdem ein dynamisches Museum für zeitgenössische Kunst. 1979 nahm die neue Clore Gallery, benannt nach ihrem Stifter, das riesige Lebenswerk von Turner auf. Obwohl sein Schaffen Turner ein beträchtliches Vermögen eingebracht hatte, lebte er allein in einem weitläufigen, düsteren Haus, in dem es von Spinnweben und Katzen nur so wimmelte, und malte hier im Halbdunkel farbenprächtige und lichtvolle Meisterwerke. Sein einziger Rivale war sein Freund Tom Girtin, dessen Talent er so sehr bewunderte, daß er behauptete: »Wenn Tom gelebt hätte, so wäre ich sicher verhungert.« An einem besonders stürmischen Tag traf eine junge Frau den schon sehr alten Turner im Zug. Er bat sie um die Erlaubnis, das Fenster zu öffnen, streckte den Kopf hinaus und setzte sich eine gute Viertelstunde lang dem Gewitter aus. Anschließend kehrte er auf seinen Platz zurück und verharrte dort lange Zeit mit geschlossenen Augen. Aus dieser Begebenheit entstand eines seiner bekanntesten Bilder: *Rain, Steam and Speed* (Regen, Dampf und Geschwindigkeit).

St. James's Park

Läßt man das Westminster-Viertel hinter sich, so gelangt man zu dem wunderschönen Queen Anne's Gate im reinsten Baustil des 18. Jahrhunderts, und dann auf den Birdcage Walk, dessen Name an die riesige Vogelvoliere erinnert, die König Karl II. dort konstruieren ließ. Weiter geht es entlang St. James's, dem kleinsten Londoner Park, Verbindungsstück zwischen dem politischen Stadtteil Westminster und der königlichen Residenz, Buckhingham Palace, am Rande des aristokratischen Viertels Pall Mall, so genannt nach dem französischen Spiel »Paille Maille« – eine Art Krocket –, dem hier früher gehuldigt wurde. Von dem winzigen Steg im St. James's Park genießt man den Blick auf Buckingham Palace; eine Fahne kündet davon, wann die Königin zu Hause ist.

Der Zweck des Königtums besteht darin, distanziert zu wirken und dennoch bewundert werden zu können: »Sein Geheimnis ist sein Daseinsgrund; laßt kein Licht diesen Zauber zerstören«, schrieb der Historiker Walter Bagehot im vergangenen Jahrhundert. Andere haben seither gesagt, daß die königliche Familie ein »Königtum im Rolls« darstelle. Tatsächlich gehört ihr ein märchenhaftes Privatvermögen (allerdings werden die Einnahmen zum größten Teil für verschiedene wohltätige Zwecke ausgegeben), wozu noch Spesen in Höhe von eineinhalb Millionen Pfund kommen. Dreihundertfünfzig Menschen werden in Buckingham vollzeitbeschäftigt. Aber lieben denn die Engländer nicht den Prunk des »Royal Business«, wie Georg VI. zu sagen pflegte, ob es sich nun um die Fernsehübertragung der

Hochzeit von Prinz Charles und Diana oder von Prinz Andrew und Sarah Ferguson handelt?
Was die Distanz betrifft, so geht sie bei der jüngeren Generation allmählich verloren. Prinz Charles ist ein besonderer Fall. Ebenso wie der Sohn von Königin Victoria, der nach seinen Worten »beschwert mit einer ewigen Mutter« sechzig Jahre lang warten mußte, bevor er den Thron besteigen durfte, hat auch Charles ein reifes Alter erreicht, ohne eine bestimmte Funktion oder einen Beruf auszuüben. Aus diesem Grund ist oft vorgeschlagen worden, daß Elisabeth II. zugunsten ihres Sohnes zurücktritt, doch würde eine derartige Neuerung die Engländer wohl zu sehr durcheinanderbringen und womöglich das »wunderbare Geheimnis« des Königtums schmälern. So ist Prinz Charles allmählich eine Art »volkstümlicher Prinz« oder Robin Hood geworden; er unterstützt Werkstätten zur Wiedereingliederung von Drogenabhängigen, Randgruppen und Verwahrlosten, ver-

säumt keine Gelegenheit, sich zum Anwalt rassischer Minderheiten zu machen und bricht regelmäßig eine Polemik vom Zaun mit seiner Kritik an den Auswüchsen der modernen Architektur. Was die jüngeren Mitglieder der Königsfamilie angeht, so findet man sie gelegentlich in Nachtbars, wo Journalisten ihre einfältigen Äußerungen aufgreifen. Die Sensationspresse breitet derlei »gewöhnliche« Geschichten wohlgefällig aus, während sie sich gleichzeitig über die Herabwürdigung des königlichen Amtes empört.

Die königlichen Schwäne

Auf der anderen Seite der Brücke erkennt man die Kaserne der Horse Guards, die wie ein palladinisches Schiff anmutet, dessen Extravaganz eher nach Istanbul paßte. Ein fremdartiges und zugleich prächtiges Schauspiel ist es, wenn ihre vielen Dächer und Türmchen nach einem Regenschauer gegen das Grau funkeln.

Unter der Brücke machen es sich die Enten von St. James's gemütlich sowie Flamingos und die »königlichen« Schwäne, denn nahezu alle Schwäne in England gehören der Krone und stehen unter ihrem Schutz wider kulinarische Gelüste, insbesondere jene der Colleges von Oxford und Cambridge. Alljährlich findet ein als *Swan-upping* bekanntgewordenes Ritual statt: der königliche Schwanenaufseher und seine Mannschaft stechen in die See, um eine Woche lang die Schnäbel der jungen Schwäne zu kennzeichnen, die kraft eines besonderen Vertrages nicht Eigentum des Souveräns sondern bestimmter Berufsgruppen der City sind. Selbstverständlich werden die Schwäne der Königin niemals gekennzeichnet. Dafür begegnet einem das Wappen der Krone überall, auf Gebäuden, Laternenpfosten, Telefonhäuschen und hunderterlei Dingen, vom Kupferschild an einem Pferdezügel bis zum Waffenrock eines *Beefeater*, eines Wachmanns im Londoner Tower.

Von derselben Brücke in St. James's aus erschließt sich uns außer dem Panorama noch der verblüffende Anblick von Kindern und Erwachsenen, die unbeweglich und aufs Äußerste konzentriert mit ausgestreckter Hand dastehen in der Hoffnung – die selten trügt – daß Spatzen, Tauben und andere Bewohner der Örtlichkeiten das dargebotene Futter aufpicken möchten.

Auf der entgegengesetzten Parkseite Pall Mall und das Viertel St. James – hocharistokratisch, im 18. Jahrhundert für seine Dandies gerühmt – mit dem Waterloo-Platz als Mittelpunkt. Hier stehen haufenweise Statuen von britischen Abenteurern, großen Seefahrern und Entdeckern, überragt von der Säule des Herzogs von York, des *Grand Old Duke of York*, dem zahlreiche Anekdoten gewidmet sind und sogar ein immer wieder gesungener Kinderreim:

Oh the Grand Old Duke of York
He had ten thousand men
He marched them up to the top of the hill
And he marched them down again.
And when they were up they were up
And when they were down they were down
And when they were only half way up
They were neither up nor down.

Oh, der große alte Herzog von York
Der hatte zehntausend Mann.
Er ließ sie auf den Hügel hinaufmarschieren,
Dann ließ er sie wieder hinabmarschieren.
Und als sie oben waren, waren sie oben,
Und als sie unten waren, waren sie unten,
Und als sie auf halber Höhe waren,
Da waren sie weder oben noch unten.

Erklärt werden diese Scherze damit, daß nach dem Tod des Herzogs jedem britischen Soldaten ein Tag Sold abgezogen worden sei, um das Denkmal zu errichten, worüber die Geschröpften nicht eben Dankbarkeit für den Verblichenen empfanden. Außerdem wird behauptet, daß die Statue nur deshalb auf einem so hohen Sockel stehe, höher noch als jener des Nationalhelden Nelson auf dem Trafalgar Square, damit der Herzog nicht mehr von seinen Gläubigern belästigt werden könne.

Die Clubs

Im St. James-Viertel existiert ein ganzer Schwarm von Clubs, vom konventionellsten bis hin zum exzentrischsten. Da wäre das Atheneum auf dem Waterloo-Platz, in dem sich Schriftsteller, Wissenschaftler und bedeutende Künstler treffen, und dessen Bibliothek mit hunderttausend Bänden in einem neoklassischen Gebäude mit Kopien der Parthenon-Friese untergebracht ist. Aber auch der Thatched House Club (Strohdach-Club), der Conservative Club und der Cocoa Tree sind nicht zu verachten, ebensowenig wie Brooke's, ein politischer Kreis liberaler Tendenz (*Whig*), der sich im 19. Jahrhundert den *Tories* im White's Club entgegenstellte. Noch heute sind die Clubs sehr aktiv und gut besucht. Es entstehen sogar neue Clubs, wie Groucho in der Soho-Straße, für die Medienschaffenden. Zugegebenermaßen sind das praktische und angenehme Treffpunkte für geschäftliche Besprechungen oder zum Ausspannen zwischen Büroschluß und abendlichen Unternehmungen. Hier kann man essen und sich außerdem umkleiden, ausruhen und sogar baden. In einer so großen Stadt, wo man nicht selten über zwei Stunden nach Hause braucht und früh Feierabend macht, erscheint ein Clubsessel mit Sherry und

Zeitungslektüre oder einem Schwätzchen unter Kollegen ebenso reizvoll wie vorteilhaft.
Vermögende Junggesellen haben noch heute ihre Wohnungen in diesem eleganten Viertel, in dem Hut- und Handschuhmacher schon seit dem 17. Jahrhundert ihr Auskommen finden. Hier, im Haus Nummer 8 der James's Street, lebte einst Byron. Eines Morgens will er dort aufgewacht sein, um festzustellen, daß er über Nacht berühmt geworden war mit der Veröffentlichung von Childe Harold.

Londoner Porträtisten des 18. Jahrhunderts

Mit Gainsborough beherbergte Pall Mall eine weitere Berühmtheit. Der »Haus«-Maler der reichen Familien ließ deren Mitglieder in prächtigen Landschaften mit nicht minder prächtigen Häusern Modell sitzen und zeichnete auf diese Weise mit dem Bild seiner Zeitgenossen zugleich das ihrer Umgebung. Er teilte sich die Gunst der guten Gesellschaft mit Romney, dessen bemerkenswertes Selbstporträt in der National Portrait Gallery am Trafalgar Square hängt. Über sein Leben ist nur bekannt, daß er sich vierzig Jahre lang seiner Familie entzog, um zuguterletzt heimzukehren und sein Leben bei Frau und Sohn zu beschließen, als sei nichts gewesen.

Sir Joshua Reynolds erfreute sich dagegen eines Lebens, das sich weitgehend in der Öffentlichkeit abspielte. Dem Bewunderer der italienischen Renaissance war nichtsdestoweniger daran gelegen, der Welt die englische Kunst zu offenbaren und die Überlegenheit der »gelehrten« Malerei und des »großen Stils« zur Geltung zu bringen. Auch wünschte er einen achtbaren sozialen Status für die Maler und wurde Mitbegründer und erster Präsident der königlichen Kunstakademie. Nicht immer wurde dieses tugend-

hafte und edle Streben gewürdigt, denn böse Zungen behaupteten, daß Reynolds einen erheblichen Teil seiner intellektuellen Aktivität verwende, um noch so zweifelhafte Reputationen zu erhalten.

Die National Portrait Gallery

Gleich neben der National Gallery an den Trafalgar Square grenzend, wurde im 19. Jahrhundert die National Portrait Gallery eingerichtet mit dem Ziel, die Porträts der herausragendsten Persönlichkeiten der britischen Geschichte zu versammeln. Gegenwärtig sind es achttausend – ein Panorama des politischen, kulturellen und sozialen Lebens vom 15. bis zum 20. Jahrhundert, und natürlich auch der englischen Malerei. Neben Werken von Holbein, der zwar Deutscher war, aber vorwiegend in England wohnte und hier auch starb, erwarten den Besucher hier Hogarth, Reynolds, Gainsborough, Millais, Sivert und Epstein, um nur einige zu nennen. Schließlich hängt hier auch das einzige uns erhaltene, authentische Bildnis von Jane Austen, gemalt von ihrer Schwester Cassandra.

Vierter Teil

Whitechapel und Spitalfields

Trotz der kulturell und ethnisch vielfältigen Einwanderungswellen hat das Londoner East End seinen eigentümlichen Charakter bewahrt. Die ehemaligen Dörfer wurden in dem neuen *Borough* (Bezirk mit besonderem Verwaltungsstatus) Tower Hamlets zusammengefaßt, der noch immer zu den ärmsten Vierteln der Hauptstadt zählt. In London führt die unmittelbare Nachbarschaft von Überfluß und Not häufig zu Unruhen, die nichts mehr mit Parteipolitik gemein haben. Die Kluft zwischen Reich und Arm und auch zwischen Weiß und Schwarz – mit Ausnahmen – wird immer tiefer. In den neuen Stadtteilen in den Docklands gehört es zum Freizeitvergnügen der jungen Arbeitslosen, einen »Yuppie auseinanderzunehmen« und die Symbole des arroganten Wohlstandes anzugreifen, also etwa die Kühlerfiguren auf den Luxuslimousinen der jungen Angestellten aus der City abzureißen oder ihre angeberischen Wine Bars zu verwüsten, die den Pubs, weil zu ordinär, vorgezogen werden. In diesen Vierteln prallen die Gegensätze brutal aufeinander, wenn sich die immer zahlreicher in die Stadtteile des einfachen Volks strömenden Neureichen und die wegen der Wirtschaftsprobleme im Süden Englands immer ärmer werdenden Armen begegnen. Die daraus resultierende gewalttätige Spannung erinnert durchaus an die Zustände des viktorianischen Zeitalters.

Während dieser mancherorts als so prunkvoll empfundenen Herrschaft hatte das Elend in London erschreckende Ausmaße angenommen. Zeugnis davon legen die Werke von Dickens ab sowie die Berichte zahlreicher fremder (Flora Tristan, Gustave Doré usw.) oder englischer Reisender sowie das Engagement einer ganzen Heerschar mildtätiger Damen für die verelendeten Eastenders. Männer, Frauen und Kinder mußten sich auf der Straße als Gaukler oder fliegende Händler durchschlagen, boten Streichhölzer, Liebesäpfel, Papierdrachen, Blumen und Obst feil. Wen wundert's, daß sich die *costermongers* (Händler) und die Polizei nicht wohlgesonnen waren. Aus dieser Zeit stammen zwei eigentümliche Institutionen: die Pearly Kings und der Rhyming Slang. Letzterer bezeichnet den verzwicktesten – und für die Ordnungshüter völlig unverständlichen – Teil der Cockney-Sprache. Es geht darum, Worte durch zusammengesetzte Ausdrücke oder Eigennamen zu ersetzen, die sich auf sie reimen, also etwa Pleasure and Pain (Lust und Leid) statt Rain (Regen), Weasel and Stoat (Wiesel und Frettchen) statt Coat (Mantel), Dustbin Lids (Mülleimer-Deckel) oder God Forbids (Gott Behüte) statt Kids (Kinder), Lilian Gish statt Fish (Fisch). Die Säufer betitelten ihre Bottle (Flasche) großartig als Aristotle (Aristoteles).

Mit den Pearly Kings hat es folgende Bewandtnis: da bestimmten fliegenden Händlern die Aufgabe zugewachsen war, zwischen ihren Kollegen und der Polizei zu schlichten, trugen sie der besseren Erkennbarkeit halber und nach Art der damaligen Mode zwei oder drei Reihen Perlmutt-Knöpfe. So entstand die Herrschaft der Pearly Kings, die ihrer Kleidung nach und nach so viele Knöpfe anfügten, daß sie zuletzt davon übersät war. Mit zunehmender Besserung des Verhältnisses zwischen Eingeborenen und Obrigkeit machten sich die Pearlies als Spendensammler für wohltätige Zwecke nützlich. Bis heute bewahren sie ihre Bräuche und die Organisation in Sippen, mit Königinnen und Königen, Prinzen und Prinzessinnen, in ironischer Nachäffung der britischen Monarchie. So wohnt in jedem Borough eine Pearly-Familie. Zu Oktoberbeginn treffen sich die Sippen alle vor St. Martin-in-the-Fields auf Trafalgar Square, wobei es garantiert lustig, bunt-extravagant und humorvoll nach Cockney-Manier zugeht.

Ungeachtet vieler Grabreden, die schon auf sie gehalten wurden, hat die Cockney-Tradition bisher alle Umbrüche in London überlebt. Den Beweis dafür hat die Fernsehserie Eastenders geliefert, die eine aktuelle Bestandsaufnahme des Lebens und der sozialen Spannungen in einem armen Stadtteil im East End liefert.

Die Märkte im East End

Jeder Tourist kennt den Flohmarkt am Samstagvormittag auf Petticoat Lane. Ein Stückchen weiter breitet sich jener von Brick Lane aus, der wesentlich uriger und typischer ist. Er wird jeden Vormittag mitten im Bengali-Viertel abgehalten. Am meisten ist hier natürlich Sonntags los, wie auch auf dem Blumenmarkt in der Columbia Road, einem weiteren Schmuckstück des East End.
Das regste Treiben beginnt jedoch schon im Morgengrauen auf dem Obst- und Gemüsegroßmarkt in Spitalfields, wo das Cockneywesen fröhliche Urständ feiert. Ebenfalls mitten in Spitalfields befindet sich Hawksmoors Meisterwerk, die Christ Church an der Fournier Street, einer ehemaligen Hugenottenstraße, die heute zum Mittelpunkt des fast ausschließlich von der Kleiderkonfektion lebenden Bengali-Viertels geworden ist.

Konfektion: Schneiderhandwerk und Kultur

Die verschiedenen Einwanderer-Generationen haben Spitalfields geprägt, ohne die »Persönlichkeit« des alten Viertels zu beeinträchtigen. Als erste hatten die Hugenotten im 18. Jahrhundert ihre Webereien in den Dachgeschossen der eigentümlichen Häuser in der Elder Street und Fournier Street eingerichtet. Im 19. Jahrhundert ließen sich dann verelendete Iren hier nieder. Zu jener Zeit machte Jack the Ripper Whitechapel landes- und sogar weltweit berühmt. Heutzutage werden eigens Ausflüge angeboten, um Schritt für Schritt, oder besser von Bluttat zu Bluttat, der Spur des unheimlichen Helden zu folgen, der niemals identifiziert wurde und dessen makabre Abenteuer von den Engländern hochgeschätzt werden, so daß die Sensationspresse nach wie vor ausführliche Schilderungen seiner blutrünstigsten

Morde verfaßt. Es zählt übrigens zum guten Ton, derlei Schauergeschichten mit einem angewiderten Gesichtsausdruck förmlich zu fressen.

In der ersten Hälfte dieses Jahrhunderts faßten jüdische Einwanderer Fuß in Whitechapel. Auch sie hatten sich häufig auf die Textilherstellung verlegt. Damals wurde das Viertel zu einer Hochburg der sozialistischen und anarchistischen Agitation sowie von Philanthropen jedwelcher Couleur: über dem Eingang der Kirche von Spitalfields künden Gedenktafeln von ihren Bemühungen, die Juden zum Christentum zu bekehren.

Das Schneiderhandwerk gehört weiterhin zu den Hauptbeschäftigungen in Whitechapel, doch ging es seither in die Hände der Inder und Pakistaner über, während die Juden zum größten Teil in andere Stadtteile umgezogen sind. Sie hinterließen hie und da ihre Aushängeschilder, Bäckereien mit frischen Begel (Brotringe) im Sortiment, einige Synagogen und das bekannteste koschere Restaurant in London: Blooms. Die Moschee am Ende der Fournier Street war früher eine Synagoge, die in einer aufgegebenen Kirche eingerichtet wurde. Sie mag als treffliches Symbol der Einwanderergeschichte dienen.

Erschütterungen

Auf der Brick Lane (Ziegelstraße) wurden Ziegel gebrannt – und Bier gebraut. Zwischen den Schneiderwerkstätten und Konfektionsgeschäften steht noch die Brauerei Truman, deren Black Eagle Bier seit dem 18. Jahrhundert getrunken wird. Seither sind massenhaft bengalische Geschäfte hinzugekommen: Kuchenbäckereien, wo man an Ort und Stelle köstliche, grellgefärbte Süßigkeiten in klebrigem Sirup verzehren kann – ein Genuß für alle, die einen

»sweet tooth« haben, Liebhaber von Süßigkeiten sind, also – Supermärkte mit verlockenden Warenauslagen, wo enorme Fische im Todeskampf erstarrt aus riesigen Kühltruhen glotzen, daneben aufgetürmtes Trockengemüse und alle möglichen Reissorten, Läden voller Früchte und Gemüsearten, von denen die Engländer nicht einmal den Namen kennen, Lebensmittelgeschäfte mit einer Fülle von Gewürzen, Currys, Chutneys und anderen Geschmackszutaten. Der Brick Lane-Markt bietet außerdem eine reiche Auswahl an Kleidungsstücken, Haushaltsgeräten und politischer Literatur. Denn der Radikalismus gehört nicht der Vergangenheit an: 1978 erlebte das Viertel Aufstände (Brick Lane Riots) im Gefolge von provozierenden Kundgebungen militanter Rassisten. Diese bilden die erschrekkende Nachkommenschaft der englischen Faschisten, die in den Dreißiger Jahren gewalttätige Überfälle auf das jüdische Viertel durchführten.

Auf der Whitechapel High Street gelangen wir zu der Kunstgalerie (Whitechapel Arts Gallery) in einem aufsehenerregenden Jugendstilgebäude, das vor kurzem restauriert worden ist. Die Galerie hat sich auf die Förderung zeitgenössischer ortsansässiger Maler verlegt. Ihre jährliche Ausstellung im Oktober zeigt, daß sich Whitechapel rühmen darf, die meisten Künstler auf einem Fleck in ganz Europa zu vereinen.

Für Whitechapel, diese gelegentlich fremdartige und explosive Mischung aus Alt und Neu, Arm und Reich, stellt sich die Frage, ob es noch lange der Expansion der City und dem Einzug der Yuppies widerstehen kann, welche die Eastender aus ihrem angestammten Gebiet verdrängen. Tatsächlich zerfallen die Gemeinschaften bereits: die traditionelle Working Class (Arbeiterklasse) zieht sich weiter nach Osten und Nordosten zurück. In Tower Hamlets bleiben nur noch Leute übrig, die zu arm sind, um umzuziehen: die Einwanderer natürlich, und die bedürftigsten Weißen. Diese unfreiwillige Nachbarschaft funktioniert nicht reibungslos.

Fünfter Teil

Chelsea und Kensington

»London berührt mich sehr wegen der Spaziergänge entlang der Themse nach Little Chelsea. Dort gab es kleine, mit Rosen geschmückte Häuser, die für mich das höchste Entzücken bedeuteten.« Diese Worte von Stendhal beschreiben recht eindrucksvoll den Charme von Chelsea, einem jener dörflichen Londoner, die weitgehend intakt geblieben sind, jedoch ausnehmend schick und folglich überaus teuer wurden. Verlockend an diesem Stadtteil sind vor allem seine Häuser und seine Plätze im georgianischen

Stil, wobei diese Bezeichnung nur einer Konvention folgt, denn tatsächlich fand die Bebauung nach und nach unter der Regentschaft von Königin Anne, den vier Königen Georg, König Wilhelm IV. und Königin Viktoria statt.

Seit der klassischen Epoche bis ins 20. Jahrhundert hat England stetig sein Handelsimperium ausgedehnt und seinen Reichtum vermehrt. Die wohlhabenden Familien waren an dieser Entwicklung beteiligt und zogen deshalb von ihren traditionellen Landsitzen nach London und besonders nach Mayfair, wo sie sich in geräumigen Residenzen einrichteten, die ihrem Selbstverständnis entsprachen. Bald ahmten die Kleinbürger diesen Stil nach, etwas weniger prunkvoll und mit billigeren Baustoffen. Auf diese Weise entstanden die Vororte, die vornehmen Wohngegenden Londons. Deshalb auch findet man hier das Londoner Ideal des sogenannten georgianischen Hauses: eher hoch als breit besteht es aus drei bis vier Stockwerken über einem Zwischengeschoß, mit symmetrischen Fenstern und einer säulenverzierten Außentreppe. Es wird mit Londoner Ziegelsteinen errichtet und seine Fassade mit Stuck verziert.

Wer Chelsea genießen will, sollte abseits der lärmenden King's Road, der Hauptstraße im »Dorf«, über Oakley Street, Margaretta Terrace, Phene Street, Upper Cheyne Row, Old Church Street und unbedingt auch Paulton Square (ein Paradebeispiel des georgianischen Stils) marschieren und dann einfach durch die *Mews* schlendern, an den alten Häusern vorbei, die gleichsam ins Grün eines Vorplatzes oder eines blühenden Gärtchens eingelassen sind, ohne sich weiter um die Rolls-Royce und Daimler zu kümmern, die ostentativ die Gehwege zuparken. Die würdevollen Außentreppen streben zu den Haupteingängen, während kleine vergitterte Treppchen zum Souterrain hinabführen, dessen Fenster gerade noch auf Erdbodenhöhe sind. Diese besondere Anordnung rührt daher, daß die Abwässer auch in London früher durch offene Kanäle in den Straßen geleitet wurden. Deshalb wurde die erste Wohnetage über der Straße gebaut und über einen steinernen Steg mit ihr verbunden. Das Untergeschoß war den Küchenräumen und Hausangestellten vorbehalten und hatte außerdem ein Kellerloch für die Lieferanten. Der Kohlenhändler, schwarz von Kopf bis Fuß, schüttete dort den Inhalt seiner großen Jutesäcke hinein. Die Gitter über den Abwasserkanälen, die verhindern sollten, daß Passanten versehentlich hineinfielen, dienten der Propaganda von Generationen militanter Radikaler, Suffragetten zumal, die sich dort aus Protest feierlich anketteten. Heute sind die Erdgeschosse zu geräumigen Eßküchen umgebaut, wie die Mittelklasse sie liebt, und der Abstand zwischen Straße und *Basement* wird zum Abstellen von Fahrrädern und Gartenwerkzeug genutzt.

Das Basement spielt übrigens auch eine zentrale Rolle in der Mythologie von Londons Kindern. So lehrt uns der berühmte Verfasser von Winnie the Pooh, Alan A. Milne, daß Bären jederzeit aus ihnen hervorbrechen können, um die Kinder aufzufressen, die auf die Rillen zwischen den langen Gehsteigplatten treten:

Whenever I walk in a London street
I'm never so careful to watch my feet
I keep in the squares
And the masses of bears
Who wait at the corner all ready to eat
The sillies who tread on the lines in the street.

Wenn ich durch Londons Straßen gehe,
Schau ich auf meine Füße. Wehe
Den Dummen, die auf Rillen treten,

Die Bären werden es gewahr
Und fressen sie mit Haut und Haar.

Natürlich gehört zu dem Spiel nicht nur, die Rillen zu überspringen, sondern auch, die Spielkameraden möglichst draufzuschubsen.
Das Hauptgeschoß eines georgianischen Hauses ist nicht selten vier Meter hoch oder mehr. Das liegt daran, daß früher die Beleuchtung aus Talglichtern bestand, deren schwarzer Qualm die Hausbewohner um so weniger beeinträchtigte, je höher die Zimmerdecke war. Trotzdem wurde manche Londoner Mahlzeit durch den Smog oder Pea-Souper (Nebel so dick wie Erbsenbrei) verdorben, denn bis in die fünfziger Jahre – solange noch mit Kohle geheizt wurde – saß man oft in einem gelblichen Dunst.

Die Stunde des Milchmanns

Der *Milkman* kommt jeden Morgen, wie immer. Da er denselben Stadtteil seit Jahren beliefert, gehört er schon fast zur Familie. Die Frauen ruft er *Love* und die Männer *Sir*, wie es sich für einen Cockney gehört. Von seinem elektrischen Fahrzeug aus – schließlich soll niemand geweckt werden – stellt er lautlos die Milchflaschen auf den Schwellen ab. Die Bestellungen entnimmt er Zetteln in den Flaschenhälsen. Er läutet nur, wenn er die Hauptzutaten für ein gutes englisches Breakfast bringt, nämlich Sahne, Brot, Kekse, Eier, Würstchen, Schinken und Baked Beans (gebackene Bohnen).
Auch die Zeitungen werden frühmorgens ausgetragen, oft von Schülern. Kein Mensch sorgt sich darum, daß ihm Milch oder Zeitung gestohlen werden könnte: so etwas kommt einfach nicht vor, schließlich gibt es einen bürgerlichen Anstand und das *Breakfast* ist jedem heilig. Wer zu

früher Stunde die Straßen durchstreift, sichtet bestimmt einen Morgenmantel in einer halbgeöffneten Haustür und eine Hand, die hastig etwas zusammenrafft, worauf sich die Tür ebenso diskret wieder schließt ...

Holbein & Co.

Chelsea führte ein beschauliches Dasein, als Thomas More, Kanzler von König Heinrich VIII. und Verfasser von *Utopia*, 1524 dort ein Haus am Ufer der Themse bezog. Er wurde der erste englische Mäzen von Holbein, der 1526 mit einer Empfehlung von Erasmus nach London kam. Holbein, Maler zahlreicher Porträts von Königinnen und Königen, Höflingen, Richtern, Seefahrern, Predigern und Kaufleuten, beeinflußte zwei Kunstrichtungen: die typisch nationale Schule der Miniaturisten, zu deren erstaunlichsten Vertretern Nicolas Hilliard gehörte, und die Porträtisten, fast allesamt holländischer Herkunft. Paradoxerweise ist es ihm zu verdanken, daß die Geschichte der englischen Malerei seit der Mitte der Regentschaft Heinrichs VIII. eine gewisse Kontinuität aufweist.
Van Dyck begründete im folgenden Jahrhundert die englische moderne Schule. Als Hofmaler Karls I. fand der Holländer rasch Zugang zur gehobenen Londoner Gesellschaft und prägte die meisten einheimischen Maler durch seinen mit der britischen Kunst harmonierenden Stil. Zu seinen begabtesten Schülern zählte der Engländer William Dobson, mit dem er zusammenarbeitete, obwohl sich ihre Stile deutlich voneinander unterschieden. Peter Lely trat die Nachfolge der beiden an, als er 1641 kurz nach dem Tode Van Dycks von Holland nach England übersetzte, wohin ihm bald eine Reihe ausländischer Maler folgten, um sich in London niederzulassen.

Die Künstler und die Bohême

Nach der Restauration unter den Stuarts wurde Chelsea zur Sommerfrische und Freizeitgestaltung von den Aristokraten am Hofe Karls II. genutzt. Im 19. Jahrhundert genoß es den Ruf eines kulturellen Mittelpunktes: der Historiker und Essayist Thomas Carlyle, der als »der Weise von Chelsea« in die Geschichte einging, lebte hier ebenso wie Rossetti und Hunt und später Whistler. Dennoch gibt es keine bestimmte »Schule von Chelsea«, wie an der deutlich unterschiedlichen Ästhetik der Gemälde sichtbar wird, welche die alte Holzbrücke von Battersea zeigen.

Damals fand sich eine kleine Künstlergruppe zur sogenannten »Bruderschaft *(Brotherhood)* der Präraffaeliten« zusammen mit dem Ziel, den Lebens- und Malstil jener Epoche zu pflegen. Auf der Suche nach einer Wahrheit, der religiösen Wahrheit, führten sie ein mönchisches Leben, kleideten sich in Kutten, verboten den Genuß von Tabak und Alkohol sowie das Fluchen und brachten Elizabeth Sidall, der Gefährtin ihres Anführers Dante Gabriel Rossetti, als ihrem Weiblichkeitsideal eine keusche Verehrung entgegen. Ein Beispiel ihrer Extravaganz wurde von William Blake, einem visionären Maler und Vertreter eines völlig anderen und wesentlich originelleren Genres, überliefert: Blake hatte eine Verabredung mit dem Präraffaeliten Heinrich Füssli, dessen Gemälde er bewunderte, vor allem die eigenartige und unheimliche Reihe der »Nachtmahr«. Er erzählt: »Ich folgte dem Hausmädchen durch einen so düsteren und seltsamen Gang, daß er einem schon Angst einjagen konnte. Ich stellte mir Füssli als einen stattlichen Riesen vor. Nun hörte ich seine Schritte näherkommen und sah eine kleine, knochige Hand an der Tür, gefolgt von einem kleinen, ganz kleinen Mann mit einer bauschigen, weißen Mähne, in einen alten Flanell-Schlafrock gehüllt, der mit einem Strick über dem Bauch zusammengehalten wurde. Auf dem Kopf trug er das Nähkörbchen von Frau Füssli. Da wurde mir klar, daß der Mann nicht auf der Höhe seines grandiosen Werkes war.« Blake betrachtete jede Verallgemeinerung als Dummheit. Den Partikularismus nahm er hingegen als Beweis für ein vornehmes Wesen. Woraus man folgern mag, daß Blake zu den großen Romantikern der englischen Malerei gehörte.

Ein anderer Bürger von Chelsea, der Amerikaner Whistler, war im Alter von einundzwanzig Jahren nach London gekommen. Er gilt als Pionier des englischen Impressionismus und besaß ein überschäumendes Temperament, war bekannt für seinen Sarkasmus und seine heftige Ablehnung jedweder Kritik. Seine Themse-Studien »Nocturnes« sind zweifellos mit Oscar Wildes Bemerkung gemeint, daß es seit den Impressionisten immer mehr Nebel über der Themse gebe. Die berühmten blauen Keramiktafeln, die in wenigen Worten das Werk bekannter Persönlichkeiten in London würdigen, erinnern ferner an die Schriftsteller Addison, Swift, Smollett, Oscar Wilde und George Eliot, D.H. Lawrence und Bertrand Russell sowie an die Amerikaner Henry James und Mark Twain: die Cheyne Row entlang des Flusses ist sozusagen blau gekachelt.

Am Rande des Viertels verläuft die King's Road, 1830 als königliche Privatallee zum Palast Hampton Court angelegt. Als Hauptstraße und Modezentrum von Chelsea ist sie zwar weniger elegant als andere Straßen, aber wesentlich belebter: das einstige Mekka der sechziger Jahre, als die Rolling Stones sangen *I went down to the Chelsea drugstore* ... ist heutzutage Sammelpunkt der schicken Typen und Seifenoper-Punker.

Bars & Kneipen

Chelsea ist dafür bekannt, daß hier die schönsten der siebentausend Londoner *Pubs* zu finden sind. Tatsächlich sind sie alle interessant, und sei es nur wegen ihrer unglaublich geschmacklosen Einrichtung. Die Atmosphäre ist in jedem Fall außergewöhnlich. In den meisten *Pubs* gibt es (warmes) Bier, kleine Gerichte, Sandwiches, Darts und viel Trubel. Oft ähneln sie *Honkytonks*, lärmerfüllten Spelunken mit einer kleinen Bühne oder einer Tanzfläche, andere spezialisieren sich auf Liederabende, wobei alle Gäste untergehakt mitsingen. Hie und da werden Jazz-Sessions geboten oder Rock zur Mittagszeit.

Die Pubnamen, alle Besitzer überdauernd, deuten oft auf die Wappen der englischen Könige hin. Beispiele dafür sind »The White Hart« (Der weiße Hirsch, Wappen von Richard II.), »The Rising Sun« (Die aufgehende Sonne, Wappen des Hans von Gent), »The Greyhound« (Der Windhund, Symbol von Heinrich VIII.), während das »Rose and Crown« (Rose und Krone) das Ende des Rosenkrieges anzeigt. Durch königlichen Einfluß kam auch die Trennung der Gasträume im viktorianischen Zeitalter zustande: die *Public Bar* gehörte dem gemeinen Volk, im *Saloon* durfte weder gespuckt noch geflucht werden, die *Private Bar* war noch eine Stufe vornehmer und in manchen Fällen durch ein kleines Fenster mit einer getrennten *Ladies' Bar* verbunden.

Wie jede britische Institution pflegen *Pubs* bestimmte Rituale. Etwa dreißig Minuten vor der abendlichen Sperrstunde um elf Uhr bittet der Schankwart um die letzten Bestellungen mit dem Ruf: *»Last orders, please!«* Wenn er dann das schicksalhafte Glöcklein läutet, stellen sich alle echten Biertrinker noch für eine letzte »kleine« Pinte an. Es ist weitverbreitete Sitte, »eine Runde auszugeben«, und die muß natürlich erwidert werden. Auch gehört es zur Geselligkeit im *Pub*, seinen Nachbarn herauszufordern und mit ihm um den Ausgang der Pferderennen zu wetten. In den *Wine Bars*, die eine ernstzunehmende Konkurrenz darstellen, gibt es das natürlich nicht. Raffinierter und sauberer, werden sie von den Jungen, den *Yuppies* und der *Upper Middle Class* bevorzugt, denen die *Pubs* zu ordinär und abgedroschen sind.

Die Gartenkultur

Von Cheyne Row aus hat man die Aussicht auf das ungewöhnliche, heute stillgelegte, Elektrizitätswerk von Battersea auf dem Ufer gegenüber. Die vier riesigen Schornsteine des dunklen Ziegelbauwerks nährten lange Zeit den Londoner Smog. Folgen Sie uns nun in den Chelsea Physic Garden, einen der ältesten botanischen Gärten Europas, ein ruhiger und verschwiegener Treffpunkt. Von hier stammten die Samen für die erste Baumwollplantage im Süden Amerikas 1732. Dic Tafel am Eingang nennt die drei Schlüsselworte der englischen Kultur, nämlich Pflanzen, Tee und Hunde: *Plants for sale; Tea and Biscuits; No dogs*.

Vom Physic Garden aus geht es an der Themse entlang zum Royal Chelsea Hospital, das Karl II. 1682 nach dem Vorbild des »Hotel des Invalides« in Paris zur Pflege der alten Kämpen errichten ließ. In diesem Meisterbau der klassischen englischen Architektur – es trägt die Handschrift Christopher Wrens – halten sich je nach Jahreszeit Soldaten in blauer (im Winter) oder knallroter (im Sommer) Uniform auf, die bei einem Ausgang in die Stadt von den meisten Londonern mit besonderer Zuvorkommenheit behandelt werden.

Jedes Jahr im Mai erblüht das Viertel während der *Chelsea Flower Show*, einer Ausstellung der gesamten Flora der britischen Insel, von den prächtigsten Rosen bis zum einfachsten Gänseblümchen. Bei dieser Blumenschau, zu der sich die beste Gesellschaft einfindet, prangen fast mehr Blüten auf den Hüten der Damen als in den Blumenbeeten.

Auf dem Rückweg über Sloane Square erreichen wir das reiche Belgravia-Viertel, in dem heute die Botschaften und Konsulate residieren. Zahlreiche *Mews* lockern die steife

Vornehmheit dieses etwas unterkühlten Stadtteils mit den eindrucksvollen, säulenverzierten, viktorianischen Häusern auf. In dem Chelsea benachbarten Kensington herrscht eine wärmere Atmosphäre, besonders zwischen der Cromwell Road und den königlichen Kensington Gardens sowie in Cornwall Gardens, drei ineinander übergehenden Parks, an beiden Enden von neogotischen Häusern gesäumt.

Kensington

Kensington ist das gehobene Londoner Wohnviertel *par excellence* und wurde praktisch von den Viktorianern erfunden. Als Folge davon besteht es aus besonders ausgedehnten *Squares*, weiten Straßen und weiten *Mews*. Königin Victoria, die im Palast von Kensington geboren wurde und dort bis zu ihrer Thronbesteigung im Alter von achtzehn Jahren lebte, verlieh dem Stadtteil 1901 den Namen *Royal Borough*. 1965 wurde ihm Chelsea zugeschlagen, was heftige Empörung bei den Einwohnern hervorrief.

Prinz Albert gab eine Reihe von Museen in Auftrag, deren Bau mit den Einnahmen aus der berühmten Ausstellung im Crystal Palace von 1851 finanziert wurde. Eins davon ist das »Victoria and Albert Museum«, kurz *V and A* genannt, das eine der schönsten kunsthandwerklichen Sammlungen besitzt, ein glanzvolles Zeugnis der Blütezeit industrieller Entwicklung und des Designtalents britischer Fabrikanten. Auch sollte jeder Besucher wissen, daß die dazugehörige Bibliothek, die »National Art Library«, zu den angenehmsten Plätzen zum Ausruhen, Lesen oder Arbeiten gehört, bevor er sich zu den nahegelegenen Museen für Naturgeschichte, Naturwissenschaft, Geologie und Medizin aufmacht.

Der »liebe Albert« (ganz besonders in den Augen Victorias, seiner begeisterten und verliebten Gattin) wurde als Denkmal verewigt im *Albert Memorial*, im neogotischviktorianischen Flammenstil – völlig überzogen.
Darauf thront die Statue des Prinzen, gerade gegenüber des nach ihm benannten Konzertsaals (Royal Albert Hall), wo alljährlich die berühmten *Proms* (Promenadenkonzerte) erklingen. Am letzten Abend dieser populären Klassikaufführungen ist es Sitte, daß das Publikum – bis zu achttausend Personen – nicht nur Elgar oder Purcell in ohrenbetäubender Lautstärke singt, sondern auch großartig patriotische Lieder wie *Land of Hope and Glory*.

Die Wildnis

Nördlich davon erstrecken sich die Kensington Gardens in wohltuendem Gegensatz zu der Monumentalpracht. Der

Park vereingt alle typischen Attribute eines Londoner Parks: weitläufige Rasenflächen, Rosenhecken, einen See, Schlupfwinkel und ein altes Schloß, den Kensington Palace von Wren und Hawksmoor, inzwischen zur Londoner Residenz von Prinz Charles und Prinzessin Diana auserkoren. Sein von bogenförmig verschlungenen Linden umgebener *Sunken Garden* (versunkener Garten) ist ein wenig bekanntes, dafür aber verschwiegenes und herrliches Plätzchen. Wie alle englischen Parks, die etwas auf sich halten, hat Kensington auch seine *Wilderness*, einen »geplanten Dschungel«. Hier liegt der für Kinder magische Ort verborgen, an dem der Erzählung von Sir James Barrie zufolge Peter Pan gelandet sein soll. Sonntags vergnügen sich Scharen von Kindern am *Round Pound* mit dem Steuern von Schiffsmodellen und dem Entenfüttern mit altem, während der Woche sorgfältig für diesen Zweck gesammeltem Brot.

Sechster Teil

Regent's Park und Camden Lock

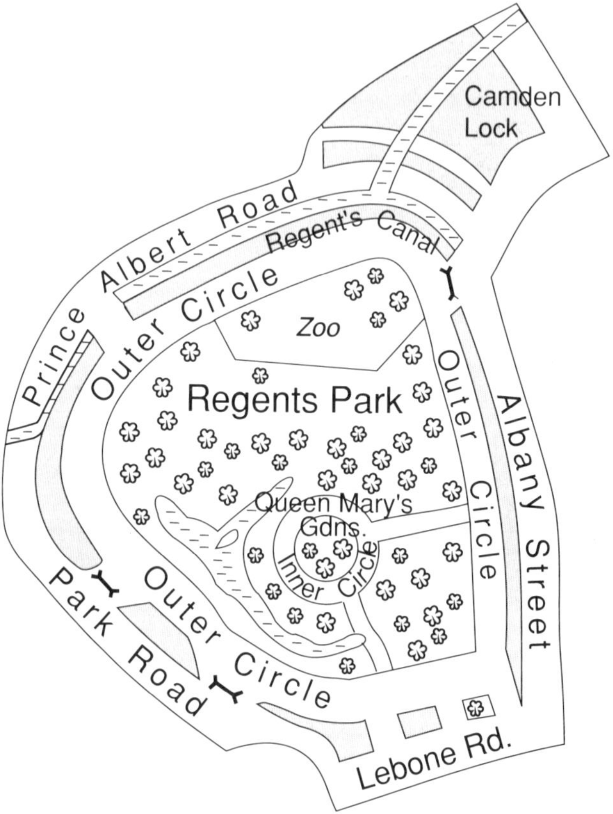

Die meisten Menschen verbinden Regent's Park mit dem Londoner Zoo. Dieses ehemalige Jagdgelände Heinrichs

VIII. – wie auch Soho, so genannt nach dem Hunde-Hetzruf *Tally ho!* – hat sich zu einem der nobelsten Stadtteile Londons gemausert.

Im Jahre 1811 hatte der Prinzregent seinen Lieblingsarchitekten, John Nash, mit einem Bauvorhaben auf dem wilden Heideland beauftragt. Das für die damaligen Verhältnisse ehrgeizige Programm wurde niemals zu Ende gebracht, weil Nash kurze Zeit später in Ungnade fiel. Ihm widerfuhr sogar die Schmach, mitansehen zu müssen, wie der Carlton-House-Palast Stein für Stein wieder abgetragen und seine Säulen zur Verzierung der Seitenwände der National Gallery verwandt wurden.

Den Park umgeben zwei kreisförmige Straßen: der *Inner Circle* führt durch den bekannten Queen Mary's Garden, den Archetyp eines englischen Gartens, atemberaubend im Frühsommer, wenn dort rund zwanzigtausend Rosenbüsche blühen; der *Outer Circle* verläuft entlang der Nash-Bauwerke, leidenschaftlich klassizistisch mit ihren Säulen, den schönen weißen Statuen und den Friesen.

Nordöstlich von Queen Mary's Garden öffnete 1932 das Freilufttheater seine Pforten. Hier werden jeden Sommer im Durchschnitt drei Stücke aufgeführt, darunter als fester Programmbestandteil *Ein Sommernachtstraum* vor einer natürlichen Kulisse, die zumindest theoretisch der Jahreszeit entsprechen soll. Tatsächlich bringt das Publikum zu den Vorstellungen Kissen, Decken, Thermosflaschen und die unentbehrlichen Regenmäntel und -schirme mit, der alten Tradition folgend. Die Teilnahme an einer Shakespeare-Aufführung inmitten eines üppigen Gartens, eingehüllt in Plaids, mit einer Tasse *Hot Soup* in Reichweite zum Vorbeugen oder Verzögern einer Lungenentzündung – ein wahrhaft britisches Vergnügen!

Ein komplizierter Sport

Über tausend Sportmannschaften und -clubs nutzen die Fußball-, Cricket-, Hockey- und Rugbyplätze im Regent's Park, denn ebenso wie die Musik gehört Sport einfach von Kindesbeinen an zum Lebensstil. Gehen Sie in den Parks spazieren, vor allem am Wochenende, und Sie werden immer irgendwelche Amateurvereine beim Spielen erleben, oft unter großer Anteilnahme von Nachbarn und Freunden.

Die Cricketsaison beginnt bei günstiger Witterung in der zweiten Aprilwoche. Dann wird der makellose Rasen von Lord's für mehrere Monate zum Anziehungspunkt von Millionen Briten. Ob Norden gegen Süden, Schwarze gegen Weiße oder Reiche gegen Arme, das Cricketspiel begeistert England und das gesamte Commonwealth. Wie einst die hellenisierten Städte zu den Olympischen Spielen zugelassen wurden, so dürfen »Anglisierte« heutzutage am Crikketkult teilnehmen. Die Einwanderer aus den Antillen haben es hier übrigens zur unbestrittenen Meisterschaft gebracht. Das Verhalten auf dem Spielfeld sowie die Befolgung der ausgesucht komplizierten Regeln machen dem Nationalcharakter alle Ehre: kein Fluchen, keine Mißmutsäußerungen, kein Anfechten des Schiedsrichterspruchs.

Andererseits kennt London aber auch solche Attraktionen, bei denen die steife viktorianische Erziehung abgeschüttelt und die gesetzte Ordnung ins Lächerliche gezogen werden dürfen. Ein Beispiel dafür ist die *Chimpanzee Tea Party* (Schimpansen-Teeparty): es handelt sich um einen stilechten *Afternoon Tea* (Nachmittagstee) mit Toast, *Scones* (kleine runde Kuchen) und Porzellantassen, der täglich vier Schimpansen (zwei Männchen und zwei Weibchen) serviert wird. Die Affen werden für diese Gelegenheit als leicht verdrehte Aristokraten verkleidet. Nun stellen Sie sich die wüste Party vor, angefeuert von Schulkindern, die sich über das Schauspiel halbtot lachen wollen. Im Nu sind der Tee verschüttet, die Kuchen auf den Fräcken zerbröselt, während die Hüte zerknautscht herumfliegen und die Krawatten im Milchkännchen hängen. Kurzum, zur größten Erheiterung aller Anwesenden werden die guten Sitten, das *Good Behaviour*, ins Gegenteil verkehrt.

Hinter dem Zoo gelangt man zum Regent's Canal. Am Anlegesteg wartet ein kleines Schiff, das uns zur warmen Jahreszeit in jenes reizende Viertel bringt, dem der Dichter Robert Browning den Namen »Klein Venedig« verlieh. Miniaturkähne in leuchtenden Farben dümpeln auf dem Kanal, und in den *Back Gardens* (Hintergärten) genießen Familien friedlich ihren Fünfuhrtee – ob die Sonne scheint oder nicht. Fast vergißt man, hier mitten in einer Großstadt zu sein. Dieses Viertel ist ebenfalls von den neuen Bürgern der Thatcher-Ära bevölkert, die gelegentlich als *Disestablishment* bezeichnet werden, in Anspielung auf ihr anti-traditionelles Verhalten – was selbstverständlich nur eine Form von Angepaßtsein darstellt. Der Direktor einer der jüngsten und mächtigsten Finanzinstitute hat seine Angestellten in den blumengeschmückten Häuschen der *Mews* untergebracht, »damit sie in einer angenehmen Umgebung arbeiten«, und richtete sich selbst auf einem Hausboot in Little Venice ein.

Das Dekor wechselt unvermittelt, wenn man in Richtung Camden weitermarschiert: an der Schleuse hat einer der Märkte der Londoner »Szene« Wurzeln geschlagen. Hier halten sich die echten Punker auf, nicht nur zur Schau wie auf der King's Road, sondern sozusagen in ihrer natürlichen Umgebung, mitten in der gemischten Gesellschaft der Bargeldlosen. Vor dem Hintergrund abweisender Industriehallen verkehren Künstler aller Art, Verkäufer exzentrischer Schmuck- und Kleidungsstücke, Krimskrams und

Kuchen sowie Antiquitätenhändlern und Budenbesitzer. Ein paar Schritte weiter ragt das moderne Gebäude des Fernsehsenders Breakfast TV in den Himmel, geschmückt mit Skulpturen in Form von Frühstückseiern im *Toy-World-* (Spielzeugland)-Stil, der so allgegenwärtig in London ist, daß man sich manchmal wie in einem riesigen Baukasten für Kinder vorkommt.

Vor dem Hintergrund des alten Arbeiterklasse-Bewußtseins mischen sich in Camden die Einwanderer aus dem Commonwealth und engagierte Intellektuelle, die links wählen und in der Friedensbewegung aktiv sind. Besonders viele Frauen sind Mitglieder der CND *(Campaign for Nuclear Disarmament)*, die unermüdlich auf die einseitige atomare Abrüstung drängt und spektakuläre Aktionen durchführt, wie die feministische Besetzung des Atomwaffenlagers in Greenham Common seit mehreren Jahren. Wegen der politischen Entwicklung der letzten Zeit werden sie sich vielleicht neuen Aufgaben zuwendem müssen.

Schüler in London

Die Kinder werden in die Camden Grammar School geschickt. Als *Grammar School* wird ein staatliches Gymnasium bezeichnet, das eine Aufnahmeprüfung von seinen Schülern verlangt. Es unterscheidet sich sowohl von den *Comprehensive Schools* (Geamtschulen), die alle schulpflichtigen Kinder einer Gegend aufnehmen, als auch von den *Public Schools*, teuren Privatanstalten, die ihre Schüler einem Auswahlverfahren unterwerfen. In den Augen der Eltern kombinieren die *Grammar Schools* ein elitäres System – das stets, wenn auch nur heimlich geschätzt wird – mit dem politischen Anspruch nach mehr Gerechtigkeit, da staatlich. Die Schulverwaltung liegt bei den *Boroughs*,

die nach Möglichkeit den lokalen Bedürfnissen entgegenkommen. Folglich bieten etliche Grundschulen ein sogenanntes »multirassisches« Lehrprogramm, in dem etwa ein Dutzend verschiedener Muttersprachen von Londons Kindern berücksichtigt werden. Vorschriftsmäßig muß jeder Schultag mit einer religiösen *Assembly* (Versammlung) und dem gemeinsamen Gebet beginnen. Doch wurde diese Regel in vielen Schulen gebeugt: statt der Hymnen singt man Lieder von den Beatles, und anstelle des Religionsunterrichts treten Humanwissenschaften und Sexualkunde.
Was die *Comprehensive Schools* betrifft, so wurden sie in den sechziger Jahren von der Labour-Regierung als Gesamtschulen gegründet und faßten verschiedene Einrichtungen der Sekundärstufe zusammen, die einst ihre Schüler nach dem Intelligenzquotienten aussiebten, was heute weitgehend verpönt ist. Diese Schulen zählen zwei- bis fünfhundert Schüler und werden von einem Gremium verwaltet, das Eltern und Lehrer gemeinsam wählen. Wie in den meisten englischen Schulen gibt es hier gemischte Klassen und Uniformzwang: Blazer und Rock oder Hose in einer bestimmten Farbe, dazu passend Hemd und Pullover und vor allem eine Krawatte, die als wichtigstes Erkennungsmerkmal dient. Der Lehrplan ist vielfältig und unterschiedlich in den einzelnen Schulen. Ab vierzehn Jahren stellen die Schüler sich ihre eigene Fächerkombination zusammen und legen Prüfungen in sechs bis zehn Fächern ab *(O levels*, das heißt *Ordinary levels)*, bevor sie mit sechzehn Jahren von der Schule abgehen. Wer studieren möchte, muß zwei Jahre länger lernen und drei anspruchsvollere Prüfungen *(A levels* oder *Advanced levels)* bestehen.

Siebter Teil

Hampstead und Highgate

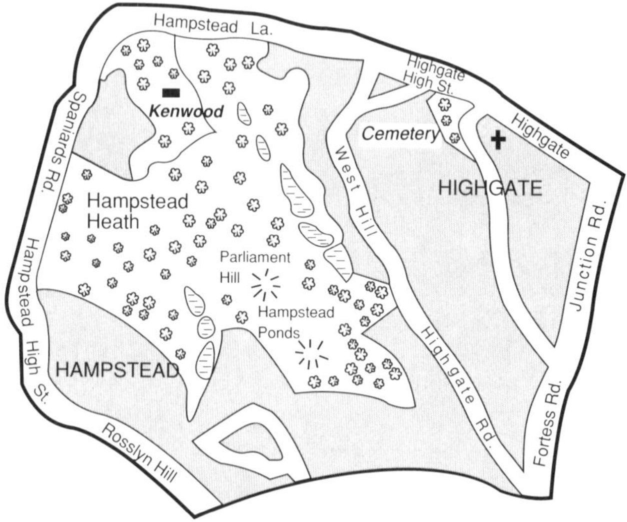

Das »Dorf« Hampstead stammt aus dem 18. Jahrhundert. Die Engländer der georgianischen Epoche kannten es als Kurbad *(Spa)*, in dem Leiden kuriert, vor allem aber allerhand Kurzweil geboten wurde an den Buden und Ständen, die verstreut auf dem weitläufigen, kahlen Hampstead Heath aufgebaut waren. Straßennamen wie Flask Walk und Well Walk wahren die Erinnerung an die Zeit, als man zum Brunnen *(Well)* lief, um ein Fläschen Heilwasser *(Flask)* daraus zu schöpfen. Nach Chelsea, das inzwischen zu bür-

gerlich geworden ist, erfreut sich Hampstead des Zulaufs von Künstlern, Schriftstellern, Dichtern und Malern ... vor allem jenen, die sich bereits einen Ruf erworben haben.

Constable, ein ruhiger Maler

Der größte und englischste Landschaftsmaler, John Constable, wohnte eine Zeitlang auf Downshire Hill in Hampstead. Er ließ sich als erster auf die Elemente ein, um seine Werke zu schaffen. »Wir sehen nichts«, so sagte er, »bevor wir es nicht verstanden haben.« Besessen vom Wetter (immer das *Weather!*) beobachtete er hingebungsvoll die Wolken, ihre Farben, ihre Dichte, ihre Formen, und versah seine Bilder mit dem Datum, der Uhrzeit und der Windrichtung. Er verachtete die großartigen Motive, wandte sich lieber den Windmühlen, Kornfeldern und Feldwegen zu und ließ sich von einem knorrigen Ast, einer bemoosten Mauer oder einem im Schlamm versunkenen Zaunpfahl inspirieren.

Das dörfliche Leben

Ein Ausflug nach Hampstead verspricht einige Überraschungen: zunächst einmal gibt es hier keine Reihenhäuser *(Terraced Houses)*. So gestaltet sich ein Spaziergang durch die kleinen Gärten und die georgianischen *Cottages* von Hampstead Square, Elm Row und Heath Street durchaus abwechslungsreich. Am Ende des Flask Walk, auf dem New End Square, befinden sich das Museum des Ortes, ein Wohnhaus im Queen Ann-Stil, und der Olde White Bear, einer von zahlreichen *Pubs* aus dem 18. Jahrhundert in diesem Viertel. Hampsteads Grove hingegen ist stolz auf das Fenton House, ein entzückendes Bauwerk des 17. Jahrhun

derts mit einer Sammlung alter Cembalos, darunter auch jenes von Händel. Etwas weiter, an der Keat's Grove am Ende der Hampstead High Street, steht das als Museum eingerichtete Haus des Dichters John Keats den Besuchern offen.

Sonntags in London

»Ein Sonntag in London bei Regen: geschlossene Geschäfte, nahezu leere Straßen. Der Eindruck eines immensen, wohlgesitteten Friedhofs. Die seltenen Fußgänger, unter ihrem Schirm, in der Öde von Plätzen und Straßen, gleichen ängstlichen, wiederkehrenden Schatten. Das ist fürchterlich« (Taine). Tatsächlich ist der Sonntag in London, wie überall in England, ein seltsamer Tag, den man bei sich zu Hause mit der Lektüre dicker Wochenzeitungen wie der *Sunday Times* oder dem *Observer* verbringt. Jeder bleibt daheim, weil die Stadt unheimlich ist, und die Stadt ist unheimlich, weil sie verlassen wurde ... Immerhin besteht die Möglichkeit, in eines des Museen zu pilgern, die zu Londons größten Schätzen gehören, oder in einen *Pub* um die Mittagszeit, bevor die Kunden zum traditionellen *Sunday Dinner* heimgehen, zu dem nach altem Brauch *Roast Pork* (Schweinebraten) oder *Leg of Lamb* (Lammkeule) mit der berühmten Pfefferminzsoße zählen. Als gutes Mittel gegen aufkommende Depressionen empfiehlt sich ferner ein Nachmittagsspaziergang in einem Park, um die Tiere, Pflanzen und vor allem Menschen zu betrachten, die dort – häufig in Begleitung ihrer Hunde – alle möglichen Hobbys betreiben: da sieht man prächtige Segelschiffmodelle auf dem *Round Pond* von Kensington Gardens, gesteuert von alten Herren mit Anzug und Kapitänsmütze; fliegende Drachen über dem Parliament Hill in Hampstead; Ruderboote auf der Serpentine im Hyde Park. Und immer und überall trifft man Hunderte von Leuten, die offensichtlich einer Herzensangelegenheit nachgehen: Tiere füttern, mit Tieren reden, sich vergewissern, daß es den Tieren gut geht und es ihnen an nichts mangelt.

Londoner Fauna

Die englische Einstellung gegenüber Tieren hat Fremde stets verwundert und bleibt unerklärlich. In London finden sich Altersheime für Esel und Friedhöfe für Hunde und Katzen, so in Kensington Gardens; hier hält man den Verkehr auf, um wandernde Kröten durchzulassen; Buchhändler verkaufen Biographien von Pferden oder Hunden; ganze Fernsehserien sind der Fauna und den Tierärzten gewidmet. Und da die Spötter nicht weit sind, wird eine

Satire nach der anderen auf die Nationalmanie der *Pets* (Haustiere) verfaßt.
Eine andere Variante dieser Zoophilie stellt das *Teddy Bears' Picnics* dar, das Gäste aus ganz England anlockt, aber auch aus anderen Ländern, allen voran den Vereinigten Staaten. Alle Teilnehmer bringen einen Stoffbären mit und verzehren ihr Picknick, bevor es an die Wahl des schönsten Teddybärs des Jahres geht - mag er abgenutzt, abgeschabt oder einäugig sein usw. Um die Zuneigung der Engländer zu Tieren zu verstehen, sollte man vielleicht bei ihrer Liebe für die Teddybären ansetzen, wie dies übrigens einer der prominentesten englischen Psychoanalytiker getan hat. Andere sehen darin eine Auswirkung der günstigen Umgebung: Parks, Gärten, Heide und *Commons* (öffentliche Grünflächen, eigentlich die Allmende) bieten einer Fülle von wilden Tieren Lebensraum, was selbst Experten immer wieder überrascht. Nachtigallen sind in den *Squares* heimisch, Eulen und Turmfalken in den *Back Gardens*, aber auch andere Vogelarten, die den Ornithologen teuer sind. Außerdem gibt es Füchse, Waschbären und Hasen auf der Hampsteader Heide, Hirsche im Richmond Park, Reiher und Kraniche in Barnes Common, Schafe auf den Docklands, nicht zu vergessen die Hunderte von Pferden der *Household Cavalry* und der *Royal Horse Artillery*. In den Marställen von Knightsbridge schaut gelegentlich ein Pferdekopf aus dem ersten oder zweiten Stockwerk eines völlig konventionellen Hochhauses philosophisch auf den Strassenverkehr hinunter.

Die Parks

In der Innenstadt Londons soll es nicht weniger als achtzig Grünflächen geben; wir haben nicht nachgezählt. Jedenfalls

bieten diese Parks vielfältige Unterhaltung. Jedes Jahr versammeln sich die Druiden des Barden-Ordens in Hampstead Heath, wo sie die Herbst-Tagundnachtgleiche und den Erntedank feiern. Aus diesem Anlaß wird eine Prozession mit König Artus' Schwert veranstaltet. Die Druiden – in authentischen Kostümen, versteht sich – streuen Früchte auf den Boden und beschwören den Frieden. Ebenfalls in Hampstead Heath befinden sich zwei Becken (eins für Männer, eins für Frauen), in denen einst nackt gebadet wurde. Doch weiß man nicht, ob es sich dabei ebenfalls um einen heidnischen Brauch handelt. Die Heide *(heath)* ist zugleich wild – Sie können dort lange wandern, ohne einer Menschenseele zu begegnen – und sehr städtisch: an der Nordspitze erhebt sich das überaus elegante Haus von Kenwood, nach den Plänen der Gebrüder Adam errichtet, die erstmals in England eine Gesamtkonzeption von Architektur entwarfen. Sie planten einfach alles – von der Stuckverzierung der Außenfassade bis zum letzten Schemel der Inneneinrichtung.
Von der Anhöhe des Parliament Hill bietet sich dem Betrachter bei klarem Wetter ein Panorama Londons, das übrigens nicht zu den attraktivsten der Stadt gehört. Der Anblick löst nicht gerade Begeisterung aus.

Die Friedhöfe

Im nordöstlichsten Zipfel von Heath stoßen wir auf das alte Dorf Highgate und eine der erstaunlichsten Kuriositäten Londons, nämlich seinen Friedhof. Diesen Ort umgibt eine ungewöhnliche Stimmung aus Romantik und viktorianischer Kultur. 1839 wurde er auf einem Hügel mit herrlicher Aussicht auf London angelegt. Seit einigen Jahrzehnten der Verwucherung überlassen, bildet er nun ein Labyrinth aus

Terrassen, schlammigen Wegen, efeu- und unkrautbewachsenen Grabsteinen. Die unter Büschen halb verschwundenen Steinmäler stellen eine echte und äußerst exzentrische Auswahl viktorianischer Grabarchitektur dar: so ist das Grab eines Dompteurs mit dem Flachrelief eines schlafenden Löwen geschmückt, einem Schauspieler wurde als Nachruf der makabre Ausspruch Hamlets beim Anblick eines Schädels mitgegeben *(»Alas, poor Yorick ...«)*; ein verblichener Cricketspieler wurde mit seinen *Wickets* (kleines torähnliches Gebilde beim Cricket) nachgebildet. Im Gestrüpp verborgen liegen ferner die Gräber von Dickens, Galsworthy, George Eliot und – in einem sorgsam gejäteten Viereck – das von Karl Marx.

Achter Teil

Bloomsbury

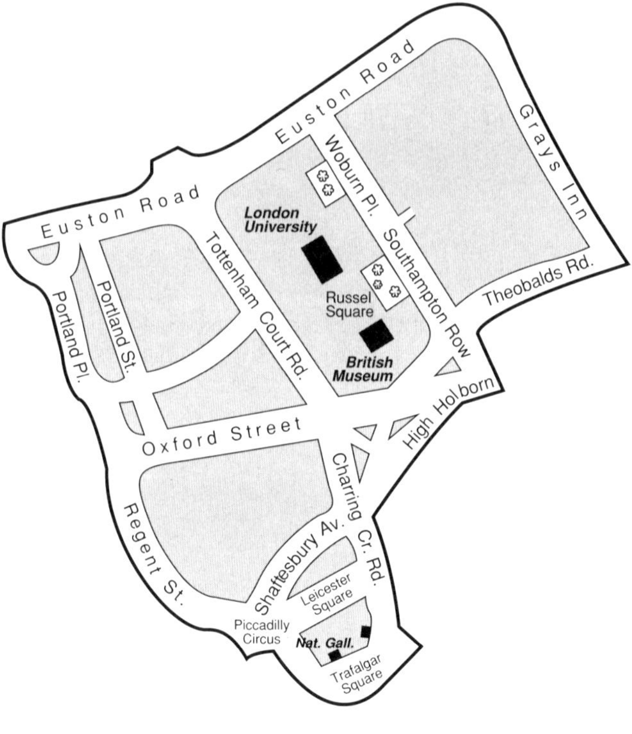

»Unsere Londoner Ecke ist soviel besser als die anderen. Die Umgebung von Brunswick Square ist völlig anders. Hier atmen wir so gute, frische Luft, daß ich ehrlich gesagt

nirgendwo anders leben möchte, denn kein anderer Stadtteil wäre für meine Kinder geeignet. Mister Wingfield denkt, daß die frische Luft von Bloomsbury außerordentlich zuträglich ist« (Emma).
Da klingt einige Ironie bei Jane Austen mit, doch ist Bloomsbury ein seriöses, ja höchst seriöses Viertel, das neben dem British Museum auch die Londoner Universität, die Medizinschulen, Filmstudios und Fernsehsender, die Verlage sowie die großen Buch- und Papierhandlungen um sich versammelt, alles unter dem gönnerhaften Schatten der *Bloomsbury Group* aus den zwanziger Jahren. Seriös sind auch die zahlreichen Hotels und Restaurants, in denen Fachleute aus der ganzen Welt wohnen. Denn für das geistige Leben in England ist Bloomsbury der Generalstab, das Zentrum, in dem alles entschieden wird.

Das Britische Museum

Wenn ein Museum laut einer Enzyklopädie wirklich »die Anhäufung und Einordnung der Gegenstände von historischem, technischem, wissenschaftlichem und künstlerischem Wert« ist, dann muß das British Museum das Nonplusultra dieser Art sein. Von mehr als eindrucksvollem Ausmaß und Ruf beherrscht das Gebäude den Stadtteil seit 1755. Damals ließ das Museum täglich nur etwa ein Dutzend Besucher ein, die aufgrund ihrer Bewerbungsunterlagen handverlesen wurden! Es stellt *die* große, nationale Sammlung von Antiquitäten, Stichen und Zeichnungen dar und präsentiert alle Länder sowie die Kulturen aller Zeitalter in verschiedenen Sälen. Folglich sind hier die verschiedenartigsten Dinge zu sehen: skandinavische Schachfiguren aus dem zwölften Jahrhundert, ein in London ausgegrabenes Kriegerschild aus der Eisenzeit, ägyptische Mumien –

darunter viele Tiermumien – die berühmten Parthenon-Friese, die einst Lord Elgin »heimbrachte«, das älteste gedruckte Dokument der Welt – die *Daimond Sutra* aus dem Jahre 868, gefunden in einer Grotte in China – das erste Manuskriptblatt Shakespeares von 1623, eine einmalige Pendel- und Wanduhren-Sammlung, kurzum: genug, um mehrere Aufenthalte in London zu füllen. Gemälde sind jedoch kaum anzutreffen.
Dafür widmen sich verschiedene andere Museen der Malerei, wovon drei aus britischer Sicht besonders bemerkenswert sind: die National Portrait Gallery, die Tate Gallery und das Soane-Museum.

Die British Library

In demselben Gebäude wie das British Museum befindet sich die British Library, drittgrößte Bücherei der Welt nach der Kongreßbibliothek in Washington und der Leninbibliothek in Moskau. Hier taucht man ein in die gedämpfte Stille einer alltagsvergessenen Welt fern aller Niederungen. Das beste Beispiel dafür ist das Interview – halblegendär – mit einem alten Bibliothekar vor seiner Pensionierung, den ein Journalist nach Lenin fragte, der während seines Exils in London regelmäßig in der Bibliothek arbeitete:

»Wer bitte?
– Lenin, erinnern Sie sich nicht?
– Ich habe niemals einen Lenin gesehen.
– Er hieß damals Ulianov.
– Aha, Sie meinen *Mister* Ulianov! Natürlich kannte ich ihn.
Das war ein sehr höflicher junger Mann. Habe mich oft gefragt, was wohl aus ihm geworden ist ...«

Die Bloomsbury-Gruppe

Den treffendsten Eindruck von der eigenartigen Stimmung in Bloomsbury vermittelt Virginia Woolf, selbst Symbol dieser literarischen, künstlerischen und mondänen Versammlung, die als *Bloomsbury Group* bekannt wurde und das intellektuelle Leben in London jahrelang beherrschte:
»Das Erlebnis von Schönheit, mindestens das. Nicht die rohe Schönheit der Augen. Die reine, die wahrhaftige Schönheit drückt sich nicht darin aus, daß Bedford Place zum Russell Square führt. Damit sind nur Geradheit, Leere, die Symmetrie eines Straßenzuges erfaßt. Aber man wird auch erleuchtete Fenster, ein Klavier, ein spielendes Grammophon, eine verborgene Freude finden, die hie und da aufblitzt, wenn durch ein Fenster ohne Vorhänge, durch ein offenes Fenster, Tischgesellschaften sichtbar werden, junge Menschen, die gemächlich auf- und abschlendern, Männer und Frauen, die sich unterhalten, müßige Hausmädchen, die auf die Straße schauen (...), zum Trocknen ausgebreitete Strümpfe auf einem Fenstersims, ein Papagei, Grünpflanzen. (...) Und auf dem großen Platz, wo Taxis eilig hin- und hersausen, verbummeln Pärchen die Zeit.« *(Mrs. Dalloway)*.

Was ist denn nun eigentlich die *Bloomsbury Group?* Eine Freundesclique, lauter Intellektuelle, alle sehr berühmt: der Wirtschaftstheoretiker J. Maynard Keynes, der Verleger und Schriftsteller Leonard Woolf, Virginia Woolf und ihre Schwester, die Malerin Vanessa Bell, die Kunstkritiker Quentin Bell und Roger Fry, Lytton Strachey, der exzentrische Biograph der Viktorianer, und schließlich der Maler Duncan Grant. Diese kleine Gesellschaft übte in den zwanziger Jahren einen mächtigen Einfluß auf die englische Intelligenz aus, da jeder einzelne auf seinem Gebiet mit Unerhörtem und Niedagewesenem zu glänzen verstand.

Nicht zuletzt wurden die Mitglieder der Gruppe wegen der verblüffenden Komplexität ihrer Freund- und Liebschaften bekannt, die seither eine Fülle von Erinnerungen, Biographien, Gegen-Biographien und Kontroversen zutage gefördert haben, wobei Zeugen, Historiker und Erben der »Bloomsbury« erbittert über die wahren Gefühle Rogers für Vanessa, Duncans für Roger, Maynards ... gegen Virginia usw. streiten. So zahlreich sind die Bücher über die *Bloomsbury Group* – und so kleinkariert in der Analyse der jeweiligen Seelenzustände – daß dieses Thema bereits lächerlich geworden ist. So versicherte P.G. Woodehouse, daß es schwierig wäre, einen Ziegelstein über Russell Square zu werfen, ohne einen Autor zu treffen, der sich über diese Fragen ausgelassen habe. Anthony Burgess kündigte eines Tages an, daß er nun seinerseits ein Buch über die *Bloomsbury Group* verfassen werde, und zwar unter dem Gesichtspunkt der Körpergerüche, der bisher als einziger von den Biographen vernachlässigt worden sei.

Zu derselben Zeit, als sich die *Bloomsbury Group* am Fitzroy Square traf, diskutierte zwei Straßen weiter eine andere und ebenso interessante Intellektuellengruppe im Salon von Lady Ottoline Morell am Bedford Square. Zusammen mit ihrem Geliebten, Bertrand Russell, empfing sie dort unter anderem Aldous Huxley, D.H. Lawrence, E.M. Forster und den Tänzer Nijinski. Eines Morgens, als Ottoline Morell, Russell, Nijinski und der Dekorateur Bühnenbildner Léon Bakst aus dem Hause traten, erblickten sie Duncan Grant, der auf Bedford Square mit Freunden Tennis spielte. »Wie er sich in Szene setzt ...«, grommelte Bakst.

In der 1836 gegründeten Londoner Universität wurde der Kultur eine weitere Tempelstätte geweiht. Da jüngeren Datums als ihre überlegenen Rivalinnen Cambridge und

Oxford, konnte sie die Karte des Modernismus und Liberalismus ausspielen. Erinnern wir uns, daß sich in Oxford erst ab 1860 auch Nichtanglikaner einschreiben durften; und daß Frauen bis 1949 in Cambridge zwar Kurse belegen durften – in einem besonderen Gebäude – aber nicht zur Prüfung zugelassen wurden. Im Gegensatz dazu waren die Gründer der Universität zu London entschieden »weltlich« und öffneten ihre Pforten sogleich den Juden und Katholiken, etwas später auch den Frauen, nämlich 1878.

Shopping

Tausende von Touristen steigen in der Oxford Street zum *Shopping* aus, und man darf sich wohl fragen, warum ... Immerhin ist dies ein eher trauriger Ort, der anmutet wie eine größere High Street, die typische Geschäftsstraße in englischen Städten. Wie in den anderen High Streets auch, befinden sich hier die Filialen von Kaufhäusern wie Marks & Spencer, British Home Stores, Boots und Woolworth am Ende der Skala, aber auch Selfridges, Debenham's und John Lewis, den Tempeln des britischen Konsums. Garantiert gibt es hier die gleichen Waren, die gleichen Auslagen, die gleichen Schaufenster wie in Glasgow oder Brighton. Wenngleich sich diese Unternehmen seit einigen Jahren um Modernisierung bemühen, ist die Bekanntschaft mit ihnen nur Leuten anzuraten, die sich gerne ins Gewühl stürzen.

Ebenso überlaufen, aber raffinierter, nimmt sich die Regent Street mit dem Hochhaus von Liberty and Co. im Tudorstil aus, das allgemein bekannt ist für edle Stoffe und Seiden, sowie Hamley's, größtes Spielwarengeschäft der Welt.

Die Bond Street führt geradewegs in den Luxus hinein: dort bietet sich Gelegenheit für die schicksten Einkäufe in London, abgesehen davon, daß die Boutiquen die gleichen sind wie in München, Paris oder Mailand. Immerhin gibt es in London die besten französischen Weine, die feinsten Zigarren, die vornehmsten Hemden, die am sorgfältigsten geschneiderten Anzüge, die teuersten Gewehre und die klassischsten Schuhe überhaupt.

Silhouetten

Um die Straßenecke spiegeln sich in den modernen Glasbauten die gigantischen Umrisse des Post Office Tower, des Fernmeldeturms, der zum Zeitpunkt seiner Errichtung in den sechziger Jahren höchst umstritten war, heute aber zum festen Bestandteil des Londoner Stadtbilds gehört, das sich freilich von Tag zu Tag ändert.

Selbst Bloomsbury verliert langsam seine märchenhafte Ruhe. Unter dem Druck der Geschäftsleute werden Squares und ehrwürdige Häuser zunehmend durch – nicht immer gelungene – Hochhäuser ersetzt. Verwaltungs- und Bürogebäude rücken immer näher an die Universität und das Britische Museum, und der dichte Verkehr tut das übrige, um die friedliche, träumerische Atmosphäre zu zerstören, die einst Virginia Woolf schilderte.

Dennoch birgt Bloomsbury noch immer erfreuliche Überraschungen. Wo sich die Gebäude gegenseitig an Häßlichkeit übertrumpfen, entdeckt man in der Bloomsbury Street eine der merkwürdigsten Kirchen von Hawksmoor: St. George-in-Bloomsbury. Innen gleicht das Gebäude einem bürgerlichen Speisesaal. Doch sein Äußeres besticht als barocker Karneval: der Portikus ist von einem bizarren Kirchtürmlein gekrönt; ein pyramidenförmig angelegtes Treppchen führt zu einer Statue, die Georg I. in einer römischen Toga darstellt ... angeblich ließ sich Hawksmoor durch das Mausoleum von Halikarnassos anregen, wie es Plinius beschreibt. Ursprünglich vervollständigten Löwen und Einhörner zu Füßen des großen Königs das Bild. Da jedoch eine solche Anhäufung die Viktorianer schockierte – die doch für ihren schlechten Geschmack und ihre Vorliebe für schräge Zusammenstellungen bekannt sind – wurde die ganze Menagerie wieder entfernt.

Neunter Teil

Southwark

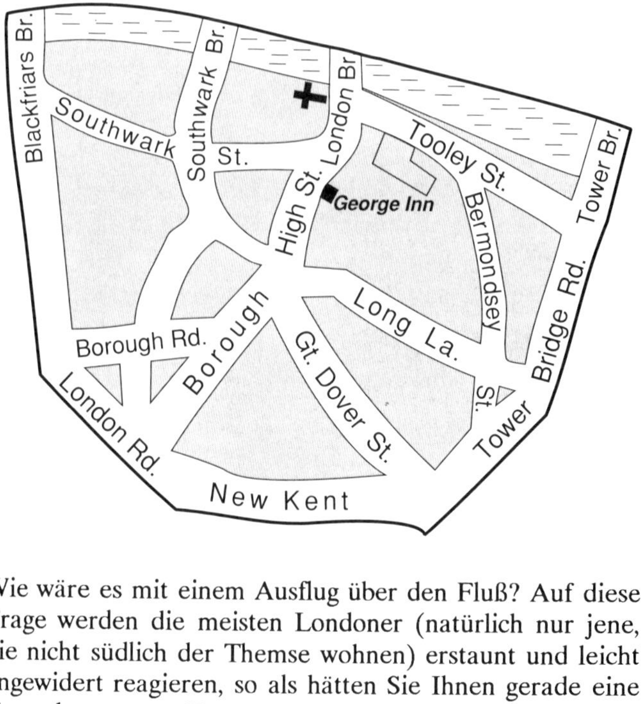

Wie wäre es mit einem Ausflug über den Fluß? Auf diese Frage werden die meisten Londoner (natürlich nur jene, die nicht südlich der Themse wohnen) erstaunt und leicht angewidert reagieren, so als hätten Sie Ihnen gerade eine Tasse lauwarmen Tees angetragen. Und trotzdem gibt es jenseits der Themse einen Süden.

Zu der Zeit, als an den Nordufern der Themse nicht viel mehr als die City existierte, die innerhalb ihrer Mauern kein Schauspiel duldete, war Southwark, unmittelbar jenseits von London Bridge, der Ort für Theatervorstellungen und Volksbelustigungen. Im 16. und 17. Jahrhundert besuchten die Londoner die Paris Gardens, die Theaterstücke von Shakespeare und seiner Zeitgenossen im Globe und im Swan sowie die Bärenkämpfe in den Arenen, oder sie überließen sich fröhlichen Ausschweifungen in den berühmten *Stew Banks*, die, als Schwitzbäder getarnt, namentlich als Bordelle dienten – trotz ihrer Nähe zur Kathedrale von Southwark, einem Meisterwerk der englischen Gotik, wie auch Westminster.

Auf dem anderen Ufer

Von Borough High Street nach Southwark, eine bedeutende Straßenverbindung nach Südengland schon zur Römerzeit, schoben sich die Prozessionen der Gläubigen, die zur Andacht in der Kathedrale von Canterbury strebten, wo Thomas Becket ermordet wurde. Chaucer ließ seine fiktiven Pilgerer vom illustren Tabard Tavern aufbrechen. Auch Dickens siedelt eine der abenteuerlichsten Szenen aus den *Pickwick Papers* in dieser Gegend an, genaugenommen im Wirtshaus White Hart. Übrigens wohnte der junge Dickens in der Land Street und klebte in einer Fabrik Etiketten auf Bohnerwachsflaschen, während sein verschuldeter Vater im Gefängnis von Marshalsea schmachtete, das als Schauplatz mehrerer Romanepisoden dient.

Eines dieser alten Wirtshäuser existiert noch heute: das *George Inn* aus dem 16. Jahrhundert. Ein Besuch lohnt sich um so mehr, als man im Sommer auf den Holzgalerien in den Genuß von Shakespeare-Aufführungen gelangt.

Der Blick von Southwark zum Nordufer der Themse hat nichts von seiner Erhabenheit eingebüßt. Allerdings veränderte sich die Landschaft im Laufe der Jahrhunderte ständig. Auf den Gemälden von Canaletto aus dem 18. Jahrhundert sieht man die Hügel des vorindustriellen Londons, gesäumt von eleganten Häusern, die vielen Türme der Wren-Kirchen und die majestätischen, gondelförmigen Schiffe. Fünfzig Jahre später beschreibt Dickens denselben Fluß in einem mehr als ironischen Dialog mit *Old Father Thames:*

»Das Wasser ist hier aber dick, Vater Themse. Doch sagt mir, was ist das für ein schwarzer und schlammiger Strom, der sich in Euch ergießt, unter jenem großen Brückenbogen aus rauchenden Ziegeln? – Oh! Das ist nur einer meiner Abwasserkanäle ...«

Damals erhielt die Themse den Beinamen *The Great Stink* (Der große Gestank), doch ist sie inzwischen wieder zu einigem Ansehen gelangt, seit die Ableitung von Industrieabwässern verboten wurde. Freilich reicht es nicht zur Wiederherstellung der einstigen Würde. Breit, trüb und schmucklos, zieht sie selten die Blicke der Menschen auf sich, die sie tagtäglich überqueren auf dem Weg zur Arbeit in die City oder in umgekehrter Richtung zur Unterhaltung in der Royal Festival Hall.

Blick auf London

Von einem kleinen Haus in Southwark aus verfolgte Christopher Wren Ende des 17. Jahrhunderts besorgt die Fortschritte des Baus der Kathedrale St. Paul. Selbstverständlich konnte er damals nicht den Klang ihrer Glocken hören, die heute in ganz England berühmt sind, vor allem wegen des *Change Ringing:* dazu versammeln sich jeden Sonntagmorgen und an besonderen Feiertagen – königlichen Hochzeiten, Nationalbegräbnissen usw. – zwölf Männer, um die Glocken von St. Paul zu läuten. Zu Beginn der Vorstellung erklingt die Tonleiter von der höchsten bis zur tiefsten Note, das sind die *Rounds*. Nach einigen Minuten beginnt ein komplexes *Change Ringing*, indem die Glöckner in jeder Runde die Glocken in unterschiedlicher Reihenfolge anstoßen. Die Partitur dafür heißt *Method*, von besonderen Komponisten entworfen, deren Chef der *Conductor* ist. Sonntagmorgens um zehn Uhr können die Londoner in St. Paul einen *Peal* (Glockenspiel) mit fünfhundert *Change Ringings* hören, was soviel heißt, als das jede Glocke fünfhundert Mal erklingt. Nach dieser halbstündigen Großtat steht die Anstrengung den »Interpreten« deutlich ins Gesicht geschrieben. Diese Männer, verschieden in Alter und Herkunft, mühen sich tiefernst mit ihrem Seil ab und führen gleichsam ein schweigsames Ballett auf, während das Getöse über ihnen markerschütternd ist. In dem Raum erinnern Gedenktafeln an historische *Peals*, wovon manche bis zu vier Stunden dauerten.

Ob Sie auf dem Kirchturm von St. Paul stehen oder in Southwark – beobachten Sie diese Stadt: London stellt ein geordnetes Durcheinander dar; seine Parks sind ein gebändigter Dschungel; seine Einwohner bewegt gemessene Erregung. Und denken Sie über die Meinung des guten alten Dr. Johnson nach: »Sie werden keinen einzigen Mann finden, und sei er noch so dumm, der London verlassen möchte. Nein, wenn ein Mensch London satt bekommt, dann hat er einfach das Leben satt. Denn London befriedigt alle Erwartungen.« Zweifellos.

Landeskunde

Nützliche Adressen - BRD, Österreich und Schweiz

– *Britische Zentrale für Fremdenverkehr (British Tourist Authority):* Taunusstr. 52-60, D-6000 Frankfurt/M. 1; Tel. (069) 23 80 70.
– *Britische Zentrale für Fremdenverkehr (BTA):* Limmatquai 78, CH-8001 Zürich. Tel. (01) 47 42 77 oder 47 42 97.
Da die Fremdenverkehrszentrale in Österreich kein Büro unterhält, wenden sich Österreicher an eine der vorstehenden Anschriften.

Diplomatische Vertretungen:
– Königlich Britische Botschaft in der BRD, F.-Ebert-Allee 77, D-5300 Bonn 1; Tel. (0221) 23 40 61.
– Britisches Generalkonsulat, Georg-Glock-Str. 14, 2000 Düsseldorf, Tel. (0211) 43 42 81.
– Britische Botschaft in Österreich, Reisnerstraße 40, A-1030 Wien, Tel. (01) 7 13 15 75;
– Britische Botschaft in der Schweiz, Thunstraße 50, CH-3000 Bern 15, Tel. (031) 47 42 77/97;

Wichtige Nummern für Autofahrer
ADAC, Tel. (089) 593979; Notrufnummer von Großbritannien aus: (010) 89-222222
ÖAMTC, Tel. (01) 7 29 90
Touringclub Schweiz, Tel. (022) 37 12 12
Automobilclub der Schweiz, Tel. (031) 22 47 22

Nützliche Adressen in England

– *Botschaft der BRD:*
21-23 Belgrave Square, London SW1X 8PZ.
Tel. (01) 2 35 50 33.
– *Österreichische Botschaft:*
18 Belgrave Mews West, London SW 1. Tel. (01) 2 34 37 31.
– *Botschaft der Schweiz:*
Montague Place, London W 1. Tel. (01) 7 23 07 01.

– *Goethe-Institute:*
50, Princes Gate, Exhibition Rd, London SW7 2HP,
Tel. 5 81 33 44/7

– *Verkehrsamt:*
London Tourist Board, 26, Grosvenor Graden SW1, Victoria Station, Tel. (01) 173 07 91.

– *London Tourist Information Centre:* Victoria Station, in der Nähe von Gleis 15. Täglich von 9 bis 20.30 Uhr dienstbereit. Nimmt auch Hotelreservierungen vor. Buchhandlung mit zahlreichen Karten.
– *British Travel Centre:* 4, Lower Regent Street, SW 1 (Plan C2), Tel. 730 34 00. Geschäftszeiten: täglich von 9 bis 18.30 Uhr, sonntags von 10 bis 16 Uhr. Persönliche Beratung, Broschüren, auch Buchungen durch das Personal.
– *London Tourist Board:* 26 Grosvenor Gardens, SW 1. Tel. (01) 730 34 50. Von 9 bis 20 Uhr geöffnet. 200 m vom Victoria-Bahnhof (Plan C3).
– *Foreign Office:* King Charles Street, SW 1. Tel. (01) 233 30 00. U-Bahn: Trafalgar Square (Plan C2).
– *National Union of Students:* 3 Engsleigh Street, WC 1. Tel. 387 12 77.
– *United Kingdom Council for Overseas Students Affairs* (UKCOSA): 60 Westbourne Grove, W 2. Tel. 229 92 68/9.

– *Busbahnhof:* Victoria Coach Station, Buckingham Palace Road (Plan B3). Beim Verlassen des Victoria Bahnhofs zur Linken. Zahlreiche Busse in Richtung Provinzstädte.
– *Leisureline:* Tel. (01) 246 80 43; Gratisauskünfte rund um die Uhr über alles, was in London tagtäglich geboten wird.
– *Teletourist:* Tel. (01) 246 80 45. Kostenlose telefonische Auskünfte auf Deutsch rund um die Uhr, täglicher Veranstaltungskalender von London.

Einreiseformalitäten

Ein gültiger *Reisepaß* oder *Personalausweis* ist erforderlich; Kinder benötigen einen Kinderausweis mit Lichtbild oder einen Eintrag in den Familienpaß.
Autofahrer brauchen den nationalen oder internationalen Führerschein, die Fahrzeugpapiere, die internationale (grüne) Versicherungskarte und ein Nationalitätenkennzeichen.

Anreisemöglichkeiten

Überfahrtsmöglichkeiten

– *mit dem Hoverspeed* oder *Luftkissenboot:* Hoverspeed, Oststraße 122, 4000 Düsseldorf. Tel. (0211) 3 61 30 21. Boulogne-Dover, Calais-Dover. Die Überfahrt dauert 35 bis 40 Minuten und ist teurer als mit der Fähre. Überfahrten mehrmals täglich. Bei Seegang nicht zu empfehlen; schon bei etwas kabbeliger See wird Übelkeit auftreten. »Hover« (hocken, schweben) spricht man übrigens mit kurzem »o« aus.

– *mit der Fähre:* P & O European Ferries, Graf-Adolf-Straße 41, 4000 Düsseldorf 1; Tel. (0211) 38 70 60. Von Frankreich: Boulogne-Dover, Calais-Dover. Für die Überfahrt jeweils zwei Stunden rechnen. Le Havre-Portsmouth 5 ½ Stunden, Cherbourg-Portsmouth 4 ½ Stunden. Alle Fähren verkehren mehrmals täglich. Caen-Portsmouth, Fahrtdauer knapp sechs Stunden, ist Sache der französischen Brittany Ferries. Buchungen über die Generalagentur Seetours International, Seilerstr. 23, D-6000 Frankfurt/M. 1, Tel. (069) 13 33-219 und 13 33-267. Von Scheveningen nach Great Yarmouth, Fahrtzeit acht Stunden, bringt Sie die Norfolk Line, Kranenburgweg 211, Scheveningen / Niederlande, Tel. (003170) 52 74 00. Von Rotterdam bzw. Zeebrügge nach Hull in 14-15 Stunden die Gesellschaft North Sea Ferries, Beneluxhaven, Europoort, Tel. (0031 18 19) 5 55 55. P & O von Belgien aus: Ostende-Dover in gut vier Stunden, Zeebrügge-Dover 4, Zeebrügge-Felixtowe fünf Stunden. Vlissingen-Sheerness: sieben Stunden; zuständig ist die Olau Line, Immermannstr. 54, D-4000 Düsseldorf 1, Tel. (0211) 35 33 88 oder Mattenwiete 8, D-2000 Hamburg, Tel. (040) 3 60 14 45. Alle Fähren mehrmals täglich. Sealink Autofähren, Oststr. 122, D-4000 Düsseldorf 1, Tel. (0211) 3 61 30 21, bedient die Routen Boulogne-Folkestone Fahrzeit 1 3/4 Stunden, Dieppe-Newhaven vier Stunden. Von den Niederlanden: Hoek van Holland-Harwich, 6 ½-8 ½ Stunden.

Fährverkehr von der BRD: Hamburg-Harwich, Dauer 20 Stunden, jeden zweiten Tag. Veranstalter sind die *Scandinavian Seaways*, Jessenstr. 4, D-2000 Hamburg 50, Tel. (040) 389 03-71. Generalagenturen befinden sich auch in der Schweiz: *Ouboter Reise AG*, Pelikanplatz 15, CH-8022 Zürich, Tel. (01) 211 36 11, und in Österreich: *Dr. Dregener Reisebüro*, Neubaugasse 12, A-1070 Wien, mit der Telefon-

nummer (01) 9 30 54 10.
Man kann die Überfahrt schon zu Hause buchen, und zwar entweder im Reisebüro oder gleich bei P & O European Ferries, Sealink etc. oder bei der jeweiligen Vertretung der Britischen Eisenbahnen. *Britische Eisenbahnen in der BRD:* BritRail International Europe, Neue Mainzer Landstraße 22, D-6000 Frankfurt/M. 1; Tel. (069) 23 23 81. Oder: Bismarckstraße 27, D – 4000 Düsseldorf. Tel. (0211) 32 92 87.

Britische Eisenbahnen in Österreich:
Wiedner Hauptstraße 5/10, A-1040 Wien.
Tel. (01) 65 02 36.
Britische Eisenbahnen in der Schweiz: BritRail International Europe, Zentralbahnplatz 9, CH-4002 Basel.
Tel. (061) 23 14 04/14. Oder: Limmatquai 78,
CH-8001 Zürich. Tel. (01) 47 99 38.
Mit der Bahn: Man fährt mit dem Zug vom Heimatort zu einem der Häfen für Eisenbahnfähren, überquert per Schiff den Kanal und fährt vom Ankunftshafen in Großbritannien per Bahn zum Zielort. Man kann die komplette Reise im Reisebüro oder bei den Vertretungen der Britischen Eisenbahnen buchen. Erkundigen Sie sich nach Sondertarifen der Bahn. Günstig für alle unter 26 Jahren sind Tickets von Wasteels, die in den meisten Reisebüros und fast allen Mitfahrzentralen erhältlich sind.

Hier die Hauptniederlassungen:
Wasteels,
Quatermarkt 5, D-5000 Köln 1, Tel. (0221) 20 80 50
Wasteels,
Militärstr. 85, CH-8004 Zürich, Tel. (01) 2 42 16 15

Und in Großbritannien:

Transalpino
Birmingham, 11 Snowhill Queeensway, Tel 236 25 07

Edinburgh, 14 North Brigde, Tel. 557 31 40
Liverpool, 3 Myrtle Parade/Street, Tel. 708 94 62
London SW1, 71/75 Buckingham Palace Rd, Tel. 834 96 56,
London SW1, Station Kiosk Victoria, Tel. 834 96 56 und
214, Shaftesbury Ave, Tel. 836 00 87

Wasteels:
London SW1, Gillingham Street 22, Tel. 834 70 66
London SW1, Wilton Rd 121, Tel. 834 70 66

Ameropa, Reiseveranstalter der Deutschen Bundesbahn, bietet Pauschalreisen nach London für vier, fünf, sechs oder sieben Tage an. Bahnfahrt einschließlich Schiffsfahrt Ostende-Dover, Übernachtungen mit Frühstück. Auskunft im Reisebüro oder in allen DB-Bahnhöfen. Achtung, da bestimmte Anmeldefristen und Reisebedingungen gelten.

Twentours veranstaltet Wochenendfahrten nach London mit der Bahn (Nachtfahrt) zwischen Freitag und Montag mit Unterkunft und Frühstück. Ein Schiffskabinenplatz ist im Reisepreis enthalten. Auskünfte im Reisebüro.
Übrigens: Interrailer entrichten auf den Fähren die Hälfte des Normalpreises.

Busreisen

Continentbus, Adenauerallee 74, D – 2000 Hamburg 74, Tel. (040) 2 80 11 51. Continentbus fährt einmal in der Woche von Hamburg über Bremen-Zeebrügge-Dover nach London.
Weitere Adressen:
Deutsche Touringgesellschaft, Am Römerhof 17, D – 6000 Frankfurt, Tel. (069) 7 90 31. Der Europabus der Deutschen Touringgesellschaft fährt zweimal pro Woche von Frankfurt über Köln nach London. Zubringerdienste beste-

hen in der BRD von jeder größeren Stadt aus. Auskunft gibt's an den Bahnschaltern, den DER oder anderen autorisierten Reisebüros.

In der Schweiz ist der Partner der *Europabus*, Seilerstr. 27, CH – 3011 Bern, Tel. (031) 25 20 00.

In Österrreich wurde der Linienverkehr mangels Nachfrage eingestellt. Österreicher können den Bus aber auch ab München nehmen.

Per Mitfahrgelegenheit

Sicherlich die nächst preisgünstige Alternative. In den deutschsprachigen Ländern existieren mittlerweile etwa 70 Zentralen, deren Anschriften im Telefonbuch nachzuschlagen sind. Im Verlag *interconnections* ist dazu das Buch *Mitfahrzentralen Weltweit* erschienen, das überall im Buchhandel bezogen werden kann.

Mit dem Flugzeug

Von allen Flughäfen der BRD, Österreichs und der Schweiz gibt's täglich Flugverbindungen nach London.

Die Lufthansa bietet *Flieg & Spar-Tarife* und *Super-Flieg & Spar-Tarife* sowie günstige Wochenendflüge an. Erkundigen Sie sich im Reisebüro mit Lufthansaagentur nach den genauen Bedingungen.

Swissair und Austrian Airlines haben ebenfalls Sondertarife für die Direktverbindung nach London. Auskunft im Reisebüro. Von Zürich sind günstige Standbyflüge über Falcon Air erhältlich, Telefon am Flughafen (01) 2424410. Die Phillipine Air bietet gelegentlich den Hin- und Rückflug ab Frankfurt für rund 320 DM.

Pauschalangebote

Hier noch einige Anschriften von Reiseveranstaltern, die Pauschaltouren zu vernünftigen Preisen durchführen:
– *t-Reisen:* T. Tischler Reisebüro GmbH, Albert-Roßhaupter-Straße 73, D – 8000 München 70. Spezialagentur für Englandreisen, vor allem für Städte- und Kurzflugreisen.
– *Olau-Tours:* Immermannstraße 54, D – 4000 Düsseldorf 1 oder auch Mattentwiete 8, D – 2000 Hamburg 11. Veranstalter von Kurzreisen nach London und Rundreisen durch England.
– *JetReisen:* Kaiserstraße 64, D – 6000 Frankfurt. Städtereisen nach London und Großbritannien von allen größeren Städten der BRD.
– *CVJM-Reisen GmbH:* Im Druseltal 8, Postfach 410 149, D-3500 Kassel; Tel. (0561) 3 08 73 13.
– *SSR-Reisen:* Leonhardstraße 5+10, CH – 8001 Zürich oder Klosterberg 23, CH – 4051 Basel. Flug- oder Bahnreisen für Leute unter 26 Jahren.
– *SHR:* Universitätsstr. 15, D-7800 Freiburg, Tel. (0761) 31078; oder: Hegelstr. 61, D-6500 Mainz 1, Tel. (06131) 38 62 43/47.
– *Schülerfahrtendienst:* R.-Wagner-Str. 23, D-6600 Saarbrücken; Tel. (0681)3 30 01/02.
Ein Verzeichnis aller Reiseveranstalter, die Reisen nach und in Großbritannien durchführen, ist bei der jeweiligen Britischen Zentrale für Fremdenverkehr (BTA) erhältlich.

Ankunft am Flughafen

– von *Heathrow* aus verkehrt eine U-Bahn in einer Dreiviertelstunde direkt ins Herz der Stadt (Picadilly Line). Acht Bahnen stündlich. In der umgekehrten Richtung ist zu beachten, daß zwei Haltepunkte existieren, und zwar eine

für Terminal 4 und eine für die Terminals 1, 2 und 3. Der Weg zum Flughafenbahnhof ist ein Kinderspiel, zumal die Gepäckwägelchen gratis benutzt werden können. Alternative: man besteigt einen der im Zehn-Minuten-Rhythmus verkehrenden *airbusses* bis Endstation Victoria (Plan A1, Grosvenor Garden) oder Euston (Plan A2, Haltebucht F).
– von *Gatwick* aus bieten sich zwei Möglichkeiten: jede Viertelstunde der nicht ganz billige *Gatwick Express* Richtung Victoria (Fahrtdauer 30 Minuten); oder der weniger häufig verkehrende *Citylink* Richtung London Bridge. Nicht gerade billig, aber der Bus *Flightline 777* nach Victoria hält nicht, was sein Name verspricht.

Merk-Würdiges

– *Gepäckaufbewahrung/Schließfächer:* in der Waterloo oder Victoria Station für maximal 24 Stunden. Für die automatischen Schließfächer wappne man sich mit 50p-Münzen, denn die Bahnhofsgeschäfte sind im allgemeinen nicht zum Wechseln bereit.
– *Fundbüro:* Lost Property Office, 200 Baker Street, NW 1. U-Bahnstation: Baker Street. Geöffnet von 10 bis 18 Uhr.
– *Polizei und Feuerwehr:* 999.
– *Kleingeld* in Form von 10 und 50 p-Münzen zum Parken bereithalten.

Unterkunft

– *Hotels:* Die verheerende Situation der Fünfziger und Sechziger Jahre ist inzwischen dank der Modernisierung der Hotellerie überwunden. Während der vergangenen zwanzig Jahre entstanden zahlreiche neue Hotelneubauten, und die Zimmer sind nun mit allen modernen Annehmlichkeiten ausgestattet – sogar mit Heizung! Man erinnere sich

der Zeiten, als die Heizkörper wie Parkuhren mit Münzen gefüttert werden mußten, um zu funktionieren. Die meisten alten Hotels wurden völlig überholt. Allerdings läßt die Qualität der Bedienung allzu häufig zu wünschen übrig, und die Preise sind fantastisch. In den klassischen Etablissements besteht oft noch ein frappierender Gegensatz zwischen den gemütlichen, bisweilen prächtigen Salons und der kargen Schlafzimmereinrichtung. Das rührt daher, daß sich die englischen Touristen vermutlich wegen der lausigen Kälte einst lieber in den Salons aufhielten als in ihren Zimmern. Wer sein Frühstück im Bett einzunehmen beabsichtigt, erhält nur ein »kontinentales« Frühstück. Zum traditionellen *English Breakfast* muß man sich schon in den Speisesaal bequemen.
Schließlich gilt es zu bedenken, daß in England in der Regel die Übernachtungspreise pro Person und nicht pro Zimmer berechnet werden. Sich also nicht unterstehen, unangemeldete »Gäste« zu empfangen. Sonst kann es vorkommen, daß jemand an die Tür klopft und zu wissen begehrt, mit wie vielen Personen Ihre Kemenate denn belegt ist.
Das Britische Verkehrsamt veröffentlicht alljährlich einen offiziellen Leitfaden empfehlenswerter Hotels. Keinesfalls auslassen, auch wer anderswo untergekommen ist, sollte man den

Five o'clock Tea: Die großen Hotels sind wie Clubs getaltet, mit allen Finessen, der English Cosiness (Behaglichkeit), und eignen sich deshalb hervorragend zum Teetrinken. Zu den bekanntesten zählen:
The Berkeley, Belgravia; Blakes, South Kensington; Brown's Hotel, Claridge's, The Connaught, The Dorchester, alle Mayfair; Dukes Hotel, St. James; Ebury Court, Belgravia; The Goring Hotel, Belgravia; Hyde Park Hotel, Knightsbridge; The May Fair Hotel, Mayfair; Number Six-

teen, South Kensington; The Ritz, Picadilly; St. James's Club, St. James's, The Savoy Hotel, The Strand; The Stafford, St. James's.

– *Jugendherberge (Youth Hostel):* Großbritannien überzieht ein dichtes Netz an Jugendherbergen. Der internationale Jugendherbergsausweis ist unbedingt erforderlich und sollte am besten zu Hause besorgt werden, da billiger. Auch ein Leinen- oder Nesselschlafsack ist Pflicht. Wer keinen besitzt, muß ihn mieten; andere Schlafsäcke sind nicht erlaubt. Aufpassen wegen der Öffnungszeiten: fast alle Herbergen sind von 10 bis 17 Uhr geschlossen. Nach 22 Uhr nimmt der Herbergsvater, der *warden*, in der Regel keine Einschreibungen mehr vor.
Apropos: *Britrail* bietet Gutscheine für eine Übernachtung in den JHs an, einschließlich der Gebühr für Bettwäsche (»Go-as-you-please-Kombination«). Man braucht also nicht Unmengen von Bargeld mit sich herumzuschleppen. Einfach in Frankfurt oder Basel Gutscheine für die JH-Übernachtungen besorgen über 3 £ Zuschlag für JHs in London, und schon stehen jedem 300 JHs im gesamten »Inselreich« offen.

Auskünfte erteilen:
Deutsche Jugendherbergsverband,
Bismarckstr. 8, D – 4930 Detmold, Tel. (05231) 7401-0
Österreichische Jugendherbergsverband,
Schottenring 28, A – 1010 Wien, Tel. (01) 533 53 53 oder das
Österreichische Jugendherbergswerk,
Helferstorferstr. 4, A – 1010 Wien, Tel. (01) 533 18 33.
Schweizer Bund für Jugendherbergen,
Postfach 2232, CH – 3001 Bern, Tel. (031) 24 55 01.

Dort sind auch die jeweils gültigen internationalen Jugendherbergsverzeichnisse erhältlich.

Die entsprechenden Adressen für Großbritannien:
YHA (England and Wales), Trevelyan House, 8 St. Stephens Hill, St. Albans, Herts. AL1 2DY, England; Tel. (0727) 55 215.

– *YMCA:* Christliche Vereinigung Junger Männer. Das Heim für junge Werktätige hat häufig noch einige Zimmer für Durchgangsreisende übrig. Unpersönlicher und vor allem wesentlich teurer als in der Jugendherberge. Für manche YMCA-Zimmer ist genauso viel zu zahlen wie für Bed & Breakfast. Günstige Übergangsunterkunft.

– *Bed & Breakfast:* preiswerter als die Hotels, obwohl das nicht immer unbedingt so sein *muß*. Bei den »B&B« handelt es sich um private Vermieter und die Häuser entsprechen in etwa unseren Pensionen. Attraktiv sind sie für alle, die ein wenig mit dem englischen »way of life« Bekanntschaft schließen und dabei gleich ihr Englisch unter Beweis stellen möchten. Das Frühstück ist, wie der Name vermuten läßt, im Preis inbegriffen. Auch bei den Guesthouses handelt es sich um B&B-Unterkünfte.
Auf jeden Fall sollte man sich an das jeweilige städtische *Tourist Information Centre* oder *Tourist Office* wenden, um eine Anschriftenliste der Pensionen zu erhalten. Manche nehmen gegen eine Bearbeitungsgebühr auch Buchungen vor: *Book-a-Bed-Ahead*, besonders praktisch vor Antritt der Reise. Übrigens wird die siebte Nacht oft nicht berechnet, also vergewissern!

Reservierungsbüro für B&B in der BRD: AAR Anglo-American Reisebüro GmbH, Bodelschwinghstr. 13, D-4535 Westerkappeln; Tel. (05404) 2570; in Zusammenarbeit mit der BTA.

– *Unterbringung als zahlendes »Familienmitglied«:* noch besser als B&B! Laut der Informationsschrift *Stay with a British Family*, erhältlich im Tourist-Office, liegt die Untergrenze für die Aufenthaltsdauer bei einer Woche. Die Familien verfügen in der Regel über ausreichend Erfahrung und sind es gewohnt, ihr Konversationsniveau dem jeweiligen Gast anzupassen, vorausgesetzt natürlich, dieser nimmt auch wirklich am Familienleben Anteil. Und dazu gehört selbstverständlich auch die Mithilfe beim Abwasch, eine Bitte, die einem schwerlich abgeschlagen wird.
Vorher ist klarzustellen, ob Halbpension oder Vollpension gewünscht wird und ob man ganz gerne das *einzige deutschsprachige »Familienmitglied«* wäre.
– *Zeltplätze:* durchaus nicht überall zu finden, allein schon wegen ihrer mangelhaften Ausschilderung. Insgesamt sind sie reichlich teuer; ihre Preise variieren außerdem von einem Ort zum anderen erheblich und sind kaum gestaffelt. Es kommt fast auf dasselbe heraus, ob man einen großen Wohnwagen oder ein kleines Zelt mit sich führt. Häufig liegen die Plätze außerhalb von Städten und Dörfern. Man sollte sich lieber vorher über die Entfernungen kundig machen und sich beispielsweise die von der Britischen Zentrale für Fremdenverkehr herausgegebene Broschüre »Camping and Caravan Sites« besorgen – Vorsicht, da unvollständig! – und danach seine Wahl treffen. Auskunft über Zeltplätze erteilt auch der *Camping Club of Great Britain and Ireland*, 11 Lower Crosvenor Place, London SW 1 und beim *Caravan Club*, 55 St. James's Street, London SW 1.
Auf einigen wenigen Plätzen sind keine Zelte, sondern nur Wohnwagen und Wohnmobile erlaubt. Übrigens: auf bestimmten Campingterrains besteht die Möglichkeit, einen Wohnwagen für eine Nacht zu mieten.

Wildes Campen ist meist problemlos möglich, sofern man sich mit dem Grundeigentümers verständigt.

– *Unterbringung auf dem Universitätsgelände:* das Richtige für Leute, die Reisende aus aller Welt mit ähnlich gelagerten Interessen wie den eigenen treffen wollen. Riesige, mit Bäumen bestandene Gelände, unzählige Hektar Rasen, laden zum Philosophieren und Verweilen ein. Die Preise liegen etwas höher als für B&B. An die fünfzig Unis verwandeln sich im Sommer zu Feriendörfern. Wegen weiterer Auskünfte wende man sich an *Carole Formon, British Universities Accomodation Consortium, University PK, Box U 32/C 83, Nottingham N67 2RD England.*

– *Wohnungstausch BRD, Österreich, Schweiz und Großbritannien:*

in der Ferienzeit sicher eine finanziell günstige Variante, um ein fremdes Land kennenzulernen. Eine Realisierung stößt freilich auf organisatorische Hindernisse.

Global Home Exchange & Travel Service vermittelt Unterkünfte dieser Art in Großbritannien, steckt die rechtlichen Rahmenbedingungen ab und ist bemüht, jedem ein anständiges *Home* zuzuweisen, der eine entsprechende Behausung selbst zur Verfügung stellen kann.

Das System sieht ein Dossier mit zehn Fotos der jeweiligen Wohnung vor, wobei diese von einem Verantwortlichen des *Global Home Exchange* in Augenschein genommen werden. Zugleich kann man auch seinen Wagen und eventuell sein Boot in den Austausch miteinbeziehen. Kontaktadresse: *Judy Mengin, Global Home Exchange & Travel Service,* 124, bd Auguste-Blanqui, F-75013 Paris; Tel. (0033-1) 43 37 85 72. Zwei weitere Adressen, die in diesem Zusammenhang von Belang sein könnten: *Homelink International*, 2, Westmoreland Ave., Wyton-Huntingdon, Heather and Jim Anderson, Cambs., PE17 2HS, Tel. (44) 4 80 5 79 36; *Holi-*

day Service, Ringstr. 26, D-8608 Memmelsdorf/Bamberg, Tel. (0951) 4 30 55.

Medizinische Versorgung

Krankenhäuser mit 24-Stunden Notdienst. In dringenden Fällen kostenlose Behandlung.
– *Charing Cross Hospital:* Fulham Palace Road, W 6. U-Bahnstation: Hammersmith. Tel. 748 20 40.
– *Middlesex Hospital:* Mortimer Street, W 1. Tel. 636 83 33. U-Bahnstation: Oxford Circus.
– *Westminster Hospital:* Dean Ryle Street, Horseferry Rd, SW 1. Tel. 828 98 11. U-Bahnstation: Westminster.
– *bei heftigen Zahnschmerzen:* Royal Dental Hospital, 32 Leicester Square, WC 2. Tel. 930 88 31. U-Bahnstation: Leicester Square.
– *Notruf:* 999
– *rund um die Uhr besetzte Apotheke:* 50/56 Willesden Lane, NW 6.
Achtung, die Notapotheken öffnen sonn- und feiertags nur für eine Stunde.

Wichtige Kleinigkeiten

– *Elektrischer Strom:* 240 V. In der Regel andere Steckdosen als bei uns. In Elektrogeschäften sind Adapter zu bekommen. Die 20 Volt mehr reichen übrigens, um Fön oder Rasierapparat funktionsuntüchtig zu machen.
– Man beachte: erst die Milch, dann den Tee in die Tasse gießen, was Hausfrauen zu schätzen wissen, bleibt doch auf diese Art kein brauner Rand an den Tassen. Sein Toastbrot in den Tee zu tunken, gilt als Flegelhaftigkeit. Und die Konfitüre bitte mit dem Messer ranholen, niemals mit dem

Teelöffel. Brauner Zucker ist übrigens für den Kaffee reserviert.
– Man schüttelt einem Engländer niemals die Hand, es sei denn, er wird einem das erste Mal vorgestellt. »Nice to meet you« ist dabei die Standardhöflichkeitsfloskel plus schneller Überleitung zu Wetter, Reise oder Gott und die Welt.
– Rauchen ist in den meisten Kinos gestattet, nicht mehr in den Bussen.
– Eine leere Konservendose auf den Boden zu werfen, zieht eine sofortige Geldstrafe nach sich, in London 10 £.
– In den Restaurants und Hotels beläuft sich das Bedienungsgeld gewöhnlich auf 15% und wird auf die Rechnung geschlagen.
– Zigaretten sind übermäßig teuer!
– Hunde unbedingt zu Hause lassen. Auch geimpfte Vierbeiner müssen ausnahmslos sechs Monate in Quarantäne.
– Beim Essen liegt die linke Hand im Schoß, wenn kein Messer benutzt wird.
– Deutsche, Österreicher usw., die sich im Gespräch gegenüberstehen, bewegen oder schütteln – wie auch immer – den Kopf. Wer echt britisch gelassen wirken möchte, unterlasse tunlichst diese Wackelei!
– *Uhrzeit:* in Großbritannien ist die GMT (Greenwich Mean Time) von Ende Oktober bis Ende März maßgeblich; den Rest des Jahres gilt GMT +1. Unsereins hat entsprechend GMT +1 bzw. GMT +2 (Sommerzeit). Nicht, daß uns die schrulligen Briten durcheinanderbringen wollen. Die Inseln liegen einfach ein gutes Stück weiter westlich. Und während eines Monats im Jahr herrsch ja auch wieder Zeitgleichheit.
– Die *Bank Holidays:* an folgenden Tagen bleiben alle Pforten dicht: Neujahr, Karfreitag (Good Friday) und

Ostermontag (Easter Monday); Spring Bank Holiday (25. April), Summer Bank Holiday (letzter Montag im August), Weihnachten (25. Dezember) und Boxing Day (26. Dezember). Die Schotten haben abweichende Daten: 1. und 2. Januar, Karfreitag aber nicht Ostermontag, am 25. April, am 3. August anstelle des letzten Montags im August sowie am 25. und 26. Dezember.

– *Im Krankheitsfall:* alle EG-Bürger erlangen Gesundheitsdienste umsonst, sofern sie sich an ihren GP (General Practitioner) wenden, also den zuständigen Mediziner im dem Stadtteil, in dem man untergebracht ist oder studiert. Jeder im Viertel kann Auskunft erteilen, notfalls auch die Telefonvermittlung.

Die Zeit der kostenlosen Medikamente ist dagegen passé. In den meisten Fällen muß man zunächst den Weg zur *surgery*, der Sprechstunde, einschlagen. Notfallmedizinische Maßnahmen sind natürlich kostenlos, ebenso wie die Telefonnummer 999.

Geld

Seit Februar '71 gilt das Dezimalsystem. Danach entspricht das Pfund Sterling 100 Pence. Es gibt Münzen zu 50p, 20p, 10p, 5p und ½ Penny sowie 1-£-Münzen mit unterschiedlichen Aufprägungen, welche die Bestandteile des Vereinigten Königreichs symbolisieren. Die Kanalinseln und die Isle of Man geben einige Münzen und Banknoten aus, die sich von denen auf der Hauptinsel unterscheiden; ihr Währungssystem ist jedoch das gleiche.

Geld wechseln kann man in den Banken, aber auch in bestimmten Reisebüros, die manchmal auch sonntags geöffnet sind oder, im Notfall, in den großen Hotels. Natürlich bieten die Banken im allgemeinen einen vorteilhafteren Kurs. Wechselstuben verlangen meist eine Bearbeitungsge-

bühr unabhängig von der Höhe des Eintausches, wechseln aber zum gleichen Kurs wie die Banken.
Schottland gibt eigene Banknoten aus, die aber normalerweise im ganzen Land angenommen werden.

Banken

Die Banken sind von 9.30 bis 15.30 Uhr geöffnet und samstags und sonntags geschlossen. Donnerstags sind die Banken in Schottland zusätzlich von 16.30 bis 18 Uhr offen, wofür sie dann an den übrigen Wochentagen außer freitags zwischen 12.30 und 13.30 Uhr geschlossen sind.

Wechselstuben mit Publikumsverkehr rund um die Uhr:
– *Gatwick Airport*: von März bis Oktober.
– *3 Arrival*: links vom Terminalgebäude 3, Heathrow Airport.

Wechselstuben mit Sonntagsdienst:
– 38 Queensway, W 2.
– 72 Old Brompton Road, SW 7.
– 122 Bayswater Road, W 2.
– einige rund um die Victoria Station und King's Cross Station verlangen eine Bearbeitungsgebühr von 6%.

Postämter

– *Öffnungszeiten der Postämter:* werktags von 9 bis 17.30 Uhr, samstags bis 12.30 Uhr. Ein einziges Postamt, am Trafalgar Square, hat werktags von 8 bis 20 Uhr, samstags von 10 bis 17 Uhr auf.
– *Postlagerung:* King Edwards Buildings. Tel. 432 33 03. U-Bahnstation: London; hier treffen alle Sendungen ohne Nennung eines bestimmten Postamtes ein.

Telefon

Um von einem öffentlichen Fernsprecher zu telefonieren, wirft man die Münzen ein. Minimun für eine Einheit ist 10 Pence, also rund 30 Pfennig, und wählt dann die gewünschte Nummer an. Ein langsames Bip-Bip ist das Besetztzeichen. Die Vorwahl nach Deutschland lautet 01049, nach Österreich 01043 und in die Schweiz 01041. Danach folgt die Ortsvorwahl, wobei die erste Null entfällt und schließlich der Teilnehmeranschluß. Die alten, roten Münzapparate stellten erst die Verbindung her, gaben dann den Signalton und erst dann den Schlitz für den Einwurf der Münzen frei. Wie überall telefoniert man am günstigsten zwischen 18 Uhr samstags bis 24 Uhr sonntags. Telefone in einem Postamt existieren nicht, da die *British Telecom* als private Gesellschaft nichts mit der Post zu tun hat. Mittlerweile hat *British Telecom* auch Konkurrenz erhalten, unter anderem von den *Red Phones*, die nun desöfteren vor Geschäften auf die Straße gestellt werden. Die erste Einheit kostet hier 30 Pence. Rund die Hälfte aller Kabinen funktioniert mit *phone cards*, die zu Einheiten von 20, 40 oder 100 in fast jedem Papierwarenladen oder Kiosk erhältlich sind.

Für Gespräche nach London werfe man zum Erhalt des Tonzeichens Münzen ein und wähle darauf die Teilnehmernummer. Innerhalb Londons entfällt die 01. Kürzlich wurden fast alle Telefonnummern in London durch Vorstellen einer weiteren Ziffer geändert. Bei der typischen englischen Systemlosigkeit bleibt nichts anderes übrig, als über die Auskunft Erkundigungen einzuziehen.

Um innerhalb von Großbritannien zu telefonieren, benötigt man zunächst den richtigen *area code*, und den erhält man vom freundlichen »Fräulein vom Amt«, wenn man die gebührenfreie 192 wählt. Vorwahl und Anschluß werden

wie bei uns Zahl für Zahl durchgegeben, wobei die Null wie der englische Buchstaben »o« und nicht »zero«, wie es z.B. bei der Bundespost auf internationalen Ansagen zu hören ist, ausgesprochen wird. Die Nummer der Inlandsauskunft lautet übrigens 142 für London und 192 für Nummern im übrigen Land. Die Vermittlung (operator) hat die 100 und internationale Vermittlung die 104. Die Postleitzahl heißt übrigens *postal code*.
Wer ein R-Gespräch, *reversed charge call*, ins Ausland führen will, kann das von den öffentlichen Fernsprechern aus tun. Die beste Zeit für einen Anruf daheim ist frühmorgens gegen 7 Uhr, da man dann eine rasche Verbindung erhält und der Tarif günstig ist. Am einfachsten wähle man 104 und bemühe die Vermittlung *International Service*, die auch Deutsch spricht.

Ladenöffnungszeiten

Die Läden sind normalerweise von Montag bis Samstag bis 17.30 Uhr geöffnet. Eine Ausnahme macht auch hier London, wo zahlreiche Lebensmittelläden durchgehend von 9 bis 22 Uhr ihre Pforten offenhalten. Während der Schlußverkaufszeit, englisch *sales*, von Ende Dezember bis Ende Februar, haben die Läden in den Hauptgeschäftsgegenden bis 20 Uhr, ja sogar bis 21 Uhr Betrieb.

Straßenzustand und Autofahren

Das Straßennetz ist im Gegensatz zu den langsam aber sicher verrottenden Staatsbahnen und der Londoner U-Bahn tadellos in Schuß. In Cornwall und Wales sowie in anderen ländlichen Gebieten existieren eine Menge schmaler Straßen, die *country lanes*. Eine Gallone Benzin entspricht übrigens etwa 4,5 Liter. Inzwischen hat sich aber

auch an den Tankstellen der kontinentaleuropäische Liter weitgehend durchgesetzt. Um den Tankwart zum Volltanken zu veranlassen, genügt ein *fill the tank, please* oder *fill her up.*
Vorsicht: man kennt keine generelle Vorfahrt von rechts oder links. An jeder Kreuzung wird sie durch ein Schild oder Markierungslinien auf der Fahrbahn festgelegt.
Der Kreisverkehr ist weit verbreitet und man fährt in ihn im Uhrzeigersinn hinein; Vorfahrt haben die im Kreis befindlichen Wagen. In der Regel schlüpft man ohne Probleme und Staus hinein. Den Kreisverkehr, *roundabout*, findet man sehr häufig anstelle unserer Ampeln.
Fußgänger, die zu erkennen geben, daß sie die Straße überqueren wollen, haben grundsätzlich Vorrang. Daran sollte man vor allem an den sogenannten *pelican-crossings* und *zebra-crossings* denken. Letztere werden durch gelbe Leuchtmarkierungen angezeigt.

Geschwindigkeitsbeschränkungen:

- innerörtlich: 30 Meilen (48 km/h);
- auf Landstraßen: 60 Meilen (96 km/h);
- auf Autobahnen *(motorways)* und Straßen mit getrennten Fahrbahnen *(dual carriageways):* 70 Meilen (112 km/h);

An die gemütliche Fahrweise gewöhnt man sich. Wegen der zahlreichen *roundabouts* bleibt einem auch nichts anderes übrig. Die Autobahnbenutzung ist in Großbritannien übrigens gebührenfrei. Nationaler Führerschein, Kraftfahrzeugbrief und grüne Versicherungskarte genügen. Wer einen Wagen mieten möchte, muß in der Regel mindestens 21 Jahre zählen und sollte vorsichtshalber einen internationalen Führerschein bereithalten. Das Fahren auf der linken Straßenseite bereitet normalerweise keine Schwierigkeiten, wenn der Beifahrer an Kreuzungen und beim Überholen ein wenig mitdenkt. Aufpassen beim Verlassen einer Tank-

stelle oder beim Einbiegen in eine vierspurige Straße. Immer wieder gerät man auf die falsche Seite!
Parken darf man nicht auf der gelben durchgezogenen Linie am Straßenrand, sondern gerade kurz anhalten. Hat man es mit zwei Linien zu tun, so darf man dort keinesfalls anhalten. Gurtpflicht besteht wie bei uns und Nichtbefolgung wird mit rund 50 £ geahndet. Kinder unter 12 Jahren dürfen auch vorne Platz nehmen und auch das Parken gegen die Fahrtrichtung ist gestattet. Als allgemeine Geschwindigkeitsbegrenzung gelten 60 Meilen (96km/Std.), in geschlossenen Ortschaften 30 Meilen (48km/Std.) und auf Autobahnen 70 Meilen (112km/Std.)
Da in Großbritannien auf der linken Seite gefahren wird, sind die Scheinwerfer Ihres Wagens automatisch falsch eingestellt. Man läßt sie also entweder neu einstellen oder ersteht im KFZ Zubehörhandel sogenannte *black slips for the headlights, die auf die Scheinwergergläser geklebt werden.*

Wer eine Panne fürchtet, sollte vor Antritt der Reise Mitglied seines nationalen Automobilclubs werden, so daß er die Garantie eines kostenlosen Abschleppdienstes rund um die Uhr hat .
Wer's versäumt hat, wende sich im Lande an den *RAC*, den Royal Automobile Club, 89 Pall Mall, London SW 1, Tel. (01) 9 30 43 43.
Zu guter Letzt noch ein Tip zum Umgehen der zehn berüchtigsten Stauzonen: an den meisten Tankstellen liegen Faltblätter, *Leaflets to avoid Traffic-jams*, aus.

Fahrräder und Mopeds

In den kleinen Städten und den Dörfern besteht häufig die Möglichkeit, wochenweise Fahrräder zu einem erschwinglichen Preis zu mieten.

Auf allen Strecken verkehren Züge mit Gepäckwagen, in denen man sein Rad ohne Umstände mitführen kann. Sich vorsichtshalber im Bahnhof nach dem *bike it by train*-Service erkundigen.
Es gibt keine Zapfsäulen für Zweitakter, also immer eine Dose Öl mitführen.

Omnibusse

Es existieren natürlich eine Reihe privater Veranstalter, die Rundfahrten und Ausflüge durchführen. Busfahren ist wesentlich populärer als bei uns und man kommt mit einer *coach* durchs ganze Land zu gewöhnlich sehr viel günstigeren Preisen als mit den Zügen. Ein *bus* ist übrigens nur der im Nahverkehr, während Reisebusse mit »coach« bezeichnet werden. Zu unterscheiden sind dabei die *country buses*, die nur für die Grafschaften zuständig und in der Regel unbequem, alt, langsam und teuer sind, und die komfortablen *National Express Coaches*, die man im ganzen Land antrifft.
Viele Grafschaften setzen auch sogenannte Hoppa, Hopper oder Midi-Busse ein, in der Regel Mercedes-Busse, die bei Bedarf auch auf offener Strecke halten.
Man kann sich ein »Coach Master Ticket« zulegen, mit dem man 8, 15, 22 oder 29 Tage lang nach Belieben die Busse der *National Bus Company*.
Neu: Studenten können unter Vorlage des internationalen Studentenausweises künftig ein Drittel Ermäßigung in den National Express, dem Scottish Citylink, Supabus und den Bussen der Green Line erhalten, wenn sie sich zuvor für wenig Geld eine *Student Coach Card* besorgt haben. Es empfiehlt sich häufig, eine Hin- und Rückfahrkarte zu lösen, denn manchmal ist die genauso teuer wie eine einfache Fahrkarte. Die *Brit Express Card* zu 8.50 £ bietet allen

Touristen eine Ermäßigung von 33% auf allen Strecken. Attraktiv sind auch die *Stage Coach Services*, die Busverbindungen von London über Birmingham nach Schottland anbieten, wobei sieben Städte angefahren werden. Abfahrt jeden Abend 23 Uhr ab King's Cross Station an der Midland Road. Man reist im Doppeldecker, Tee und ein Hamburger sind im Preis inbegriffen. Studentenermäßigung möglich.

Die Bahn

Allgemein erheblich teurer als der Bus.
Ermäßigte Fahrkarte: *off peak ticket*. Eine nur außerhalb der Verkehrsspitzenzeiten gültige Fahrkarte, ab 9.30 Uhr benutzbar.
Intercity-Ticket: bei einer Mindestentfernung von 80 km; maximale Gültigkeitsdauer der Hin- und Rückfahrkarte: ein Monat; Ausschlußtage Freitag und bestimmte Samstage. Rückfahrkarten kommen grundsätzlich preiswerter.

Einige interessante Angebote für Unmotorisierte:
Britrail Pass: keine Altersbedingungen; uneingeschränkte Gültigkeit in England, Schottland und Wales. Das Ticket gilt 8, 15, 22 Tage oder einen Monat lang. Bis zum vollendeten 26. Lebensjahr etwa 40% Ermäßigung (Youth Pass-Tarif). Der Britrail Pass gilt für alle Züge einschließlich der Intercities. Die meisten Intercities haben einen Speisewagen, der allerdings teuer ist, oder zumindest eine rollende Mini-Bar. Aufpassen: dieser Paß wird nicht in Großbritannien verkauft, sondern ist vor der Abfahrt zu Hause zu besorgen. Die Adresse der Vertretung der Britischen Eisenbahnen in Ihrem Heimatland wurde bereits oben unter »Anreise« genannt.

Britrail Seapass: gilt gleichermaßen für die Bahn wie der Britrail Pass, aber zusätzlich für die Hin- und Rückfahrt über den Ärmelkanal mit der Fähre oder dem Luftkissenboot und für die Zugverbindung von Dover nach London.
Brit Express Pass: dieses Ticket gilt fünf oder zehn Tage in allen Bussen der National Express Coaches für eine unbegrenzte Kilometerzahl in einem Streckennetz zwischen 85 Städten. Man kann es vor Ort erstehen: National Travel, Victoria Coach Station, Buckingham Palace Road, London SW 1 9TP.
Ermäßigte Fahrkarten für die britischen Eisenbahnen kann man sich auch schon vor Reiseantritt besorgen, z.B. in Wasteels-Agenturen und fast allen großen Bahnhöfen. Einige Anschriften im Kapitel »Anreisemöglichkeiten mit der Bahn«.
Wer in London von einem Bahnhof zum anderen muß, sollte erst dann die U-Bahn-Karte lösen, wenn er seine Zugfahrkarte für denselben Tag in der Tasche hat.
Single bedeutet »einfach«, *day return* Hin- und Rückfahrt an einem Tag.
Autoreisezüge heißen in Großbritannien *Motorail.*

Sprachliches

Einer der häufigsten und unausrottbarsten Fehler ist seltsamerweise die falsche Betonung von »hotel«, die nämlich genauso wie im Deutschen ist, und das immer wieder auf der ersten Silbe betont wird. Dies vielleicht deshalb, weil es mit »hostel« verwechselt wird. Ein ähnlicher Fall ist »canal«, betont auf der zweiten Silbe und »Channel«, der Ärmelkanal, der auf der ersten Silbe betont wird. »Bitte« als Erwiderung auf »danke« heißt »welcome« oder auch »you're welcome«. Bei Zeitangaben wird das »past« gern weggelassen; »half nine« bedeutet also halb zehn! Ein kurzes »danke«, beim Feuergeben z.B., heißt »ta«, gesprochen mit langem »a«. Auch wer schon 30 Jahre alt ist, wird häufig im Süden mit einem »dear« und im Norden mit einem »love« bedacht werden, etwa: »sorry, dear, there are no papers left today«. Im Norden klingt jedes südenglische kurze offene »a« wie ein »u«, weshalb dort also eher ein »luw« zu hören ist. Alle südenglischen kurzen »ä« werden dort zu kurzem »a«. Dementsprechend klingt »stand up« dann genauso, wie es jemand bei uns ohne jegliche Englischkenntnisse ausspräche. Da es nun wegen der vielen kurzen »u« zu zahlreichen Mißverständnissen käme, werden die kurzen »u« wie in »book« im Süden nun also zu langen im Norden.

Nun noch eine lautliche Besonderheit Londons und Umgebung: es wird auffallen, daß die gewohnten »ei«, wie z.B. in »came«, allesamt zu »ai«, wie in »hide« werden; die »ai« erhalten dann wieder eine Färbung zum »oi« hin. Ein Pfund Sterling wird im Slang »quid« genannt, was eigentlich Pfriem bedeutet. »Ten Bob« sind 10 alte Schillinge, also 50 neue Pence oder ein halbes Pfund. Ein »bob« sind demnach 5 neue Pence. Beide Ausdrücke werden immer ohne Mehrzahl »s« verwandt. »Tschüß« heißt »cheerio« oder »cheers« im Süden und »tata« im Norden. Letzteres klingt wie »t(e)ra« mit Betonung auf der zweiten Silbe. Seine Tasse Tee ordert man übrigens lässig mit »a cuppa char (a cup of char), please!« Ein häufig verbreiteter Fehler besteht darin, das deutsche »sagen« im Sinne von »verlangen, auftragen, bitten« mit *to tell* wiederzugeben, anstatt mit *to ask*. Never tell an Englishman what to do – always ask him! Die Engländer reagieren unter Umständen recht heftig darauf. Im übrigen sind sie Meister im Abschwächen von Befehlen, Feststellungen usw. durch so kleine, knappe Anhängsel hinten am Satz, sind sie's nicht? Das zu beherrschen ist wichtig, denn unser »mal«, mit dem wir die gleiche Wirkung erreichen, fehlt ja als wörtliche Übersetzung im Englischen. Ebensolche Meister sind sie darin, Aufforderungen indirekt auszudrücken. Dieses andauernde Sich-in-Frage-Stellen, dem andern die Möglichkeit zum Widerspruch fast schon in den Mund zu legen (are you sure, that, ..., don't you think that ..., I feel we should, we may etc.) gehört zu festen Sprachmustern. Eine Aufforderung an jemanden zu einem Spaziergang in den Park kann lauten: Are your sure you don't want to come to the park with me? Deutsche werden leicht als aggressiv oder plump empfunden, wenn sie dafür kein Gespür entwickeln. Dazu kommt, daß das Deutsche ohnehin wenig fließend für britische Ohren klingt. Bei germanophonen Mitgliedern des weibliche Geschlechts wird der Gegensatz häufig als besonders kraß empfunden, da englische Mädchen und Frauen für unsere Ohren meist zwei Oktaven zu hoch liegen. Noch etwas: bei den Fragen genau auf die Satzmelodie achten. Man unterscheidet zwei völlig unterschiedliche Fragemuster. Bei Fragen, auf die ein »yes/no» erwartet wird, bleibt die Satzmelodie am Ende hoch: »Is that the station?» Bei allen anderen fällt sie gegen Ende ab: »Where's the station?» Touristen aus den deutschsprachigen Ländern machen das regelmäßig falsch und würden in letzterem Falle oft ein »yes« oder »no« als Antwort erhalten, weil der Engländer sich verhört zu haben glaubt.

Noch zwei kleine Nachträge: tritt man jemandem versehentlich auf den Fuß o.ä., so haben sich immer beide mit einem »sorry« zu entschuldigen.

Ein beliebtes Spiel zu Beginn einer Unterhaltung ist es, auf aufgrund des »accent« seines Gegenübers die Herkunft des anderen zu tippen: ah, your're from the West Country, from Liverpool etc.

Englisch »vor Ort«

Wer das dringende Bedürfnis verspürt, etwaig in der Schule Versäumtes effektiv nachzuholen, kann sich gegen Entgelt in einer englischen Familie einmieten und begleitend an qualifizierten Sprachkursen teilnehmen. Sprachferien haben sich in Großbritannien zu einem regelrechten »Industriezweig« entwickelt.

In folgenden Gratisbroschüren des *Fremdenverkehrsbüros* finden Interessenten eine Auswahl an Anschriften: *Stay with a British Family*; und für Sprachkuse: *Britain: Learning English.* Eine kritische Betrachtung von Kursangeboten mit zahlreichen Tips ist erhältlich beim *British Council:* 10, Spring Gardens, London SW1 AZBN, Tel. (01) 9 30 84 66. Bei interconnections ist zudem der Titel »Sprachenlernen – Europa & USA« erschienen, der auch England abdeckt.

Drei Wochen gelten als Minimum, wenn die Angelegenheit sprachliche Früchte tragen soll. Einige Verbände wie *Arels-Felco* oder *British Council* kontrollieren zwar hin und wieder die Veranstalter; eine Garantie für deren Seriosität und die Effektivität des Unterrichts können aber auch sie nicht übernehmen.

Eine Alternative zu Schulbank und Vokabelpauken: die Teilnahme an kulturellen, handwerklichen oder sportlichen Aktivitäten, was gar nicht mal so teuer kommt. Besonders denken wir in diesem Zusammenhang an das in England beliebte *hiking*, ein Leckerbissen für Naturfreunde, denen es weniger darum geht, möglichst viel in möglichst kurzer Zeit abzuhaken. Anschriften in der Broschüre *Young Britain* in einem Fremdenverkehrsamt. Wer sein Englisch noch nicht ganz verbummelt hat und es sich zutraut, die Auskünfte eines Tour-Leaders zu verstehen, wende sich unmittelbar an *British Activity Holiday Association,* P.O. Box 99, Tunbridge Wells, Kent TB 12 EL, Tel. (0892) 49 868.

Das BTA versendet auf Anfrage eine Übersicht über Veranstalter von Sprachreisen im deutschen Sprachraum: »*Britain is Great*« mit Ferienangeboten deutscher Reiseveranstalter«.

Klima

Von allen Ländern, die auf demselben Breitengrad liegen, ist Großbritannien insgesamt gesehen das mit der gleichbleibendsten Temperatur. Die Niederschläge in London bleiben unter 604 mm pro Jahr, in Edinburgh liegen sie nur leicht darüber. Im Sommer (Juni-August) erreichen die durchschnittlichen Höchsttemperaturen 21 Grad im größten Teil Südostenglands, London inbegriffen, und etwa 15 Grad in den weiter nördlich gelegenen Gegenden und im Nordosten von Schottland.
Es ist immer wieder eine Überraschung, aber leicht auf einem Atlas zu verfolgen: die Südspitze Cornwalls liegt auf derselben geographischen Breite wie Frankfurt und London etwa auf der von Essen. Durch den warmen Golfstrom bedingt, wachsen in Cornwall Palmen und andere exotische Gewächse, wie übrigens in der Bretagne auch. In Liverpool steht der nördlichste Feigenbaum Europas und selbst an der Nordwestküste Schottlands gedeihen durch den Golfstrom in einem Park noch Palmen. Die Winde vom Atlantik bringen Niederschläge vor allem im Westen, wo es aber insgesamt nicht viel mehr regnet als im Osten. Da sie im Westen jedoch als feiner Sprühregen fallen, gibt es einfach mehr Regentage. Dort also an einen Regenschutz denken.

Umrechnungstabelle für Maße und Gewichte

Großbritannien ist zwar offiziell zum metrischen System übergegangen, in der Bevölkerung feiern die alten Maße jedoch auch weiterhin fröhliche Urständ. Im Pub beispielsweise wird niemand wagen, an der *pint* zu rütteln oder auch der *gill*, für Hochprozentiges.

Längenmaße:
1 inch = 2,54 Zentimeter
1 foot = 12 inches = 30,48 Zentimeter
1 yard = 3 feet = 91,44 Zentimeter
1 mile = ungefähr 1,6 km; zum Umrechnen in englische Meilen einfach mit dem Faktor 0,62 multiplizieren.

Gewichte:
1 ounce = 1 oz = 28,35 g
1 pound = 0,454 kg

Temperatur:
0° C = 32° F; normale Körpertemperatur (gemessen unter dem Arm oder im Mund) = 97° F; 100° C = 212° F.

Einführung in die englische Küche

Wer behauptet, die englische Küche sei nicht gut? Bestimmt nur Leute, die nichts von der Kompliziertheit des britischen Lebens begriffen haben. Um mehr darüber zu erfahren, beginnen wir am besten beim Vokabular fürs *Breakfast:*

Fry-up: dazu gehören *Bangers* (Würstchen) und *Mash* (Kartoffelbrei nach *Cockney*-Art), Eier, Leber und Bacon (wovon es unglaublich viele Sorten gibt), *Kippers* (gepökelter und geräucherter Hering), Schellfisch und *Fritters* (Fischfrikadellen).

Baked Beans: Weiße Bohnen, mit Tomaten gedünstet und gebacken, als traditionelle Beilage zu Würstchen oder Eiern mit Räucherschinken.

Scrambled Eggs: Rührei, das auf Toast serviert wird, ebenso wie die *Beans*.

Crumpets: gummiähnliches Hefegebäck, das getoastet mit Butter und Marmelade oder Honig verzehrt wird.

Cuppa oder *Cuppo-Char:* »Tasse« Tee, meist in *Mugs* (grossen Henkeltassen) serviert. Dazu eignet sich auch *Coffee*, nämlich heißes Wasser, das leicht mit Pulverkaffee gefärbt ist, mit Milch oder Sahne. Optisch ist der Kaffee normalerweise nicht vom Tee zu unterscheiden.

Marmite: diese komplizierte Zubereitung gibt es in kleinen Töpfchen zu kaufen. Es schmeckt andeutungsweise wie Suppenwürfel. Die teer- oder rußfarbene *Marmite* ist nichts für den Gaumen des durchschnittlichen Touristen. Es bedarf schon einer englischen Kindheit, um diesen klebrigen, aus frischer Brauhefe hergestellten Extrakt als Brot- oder Toastaufstrich zu schätzen.

Weiter geht es mit den *Elevenses* (Brotzeit um 10.30 Uhr) und dem *Lunch* (gegen 13 Uhr), wozu Folgendes gehört:

Sandwiches: benannt nach ihrem Erfinder, John Montagu, dem vierten Earl von Sandwich (1718 – 1792), der ihren Sinn vor allem darin sah, daß man sie essen konnte, ohne den Spieltisch verlassen zu müssen. Sie bestehen aus zwei dünnen Scheiben Brot (hell oder dunkel), gefüllt mit *Cheddar* oder anderem Käse, Shrimps, Mayonnaise, Tomaten- und Gurkenscheiben.

Nach einem arbeitsreichen Tag stürzt man sich auf den Tee *(Tea* oder *High Tea)*, der am besten zu *Scones* schmeckt, kleinen runden Kuchen mit Butter und Marmelade als Aufstrich. Die Auswahl der *Scones* sagt einiges über das Klassenzugehörigkeitsgefühl aus. In der *Lower-middle class* (unteren Mittelschicht) reimt sich *Scone* auf *Bone*. Der Tee wandelt sich umso mehr zum *High Tea*, je mehr Gerichte dazu aufgetragen werden: Kaltes Fleisch, Sandwiches, Sardinen auf Toast, Koteletts, *Welsh Rarebit* (gebratener Käse) und Würstchen mit *Gravy* (dicke, dunkle Soße).

Verspüren Sie noch Appetit aufs *Dinner* (Abendessen)? Der Familien-Speisezettel ist abwechslungsreicher und schmackhafter, als man vermutet. Nur mal an die *Pies*, Fleisch- oder Fischpasteten denken, deren bekannteste natürlich die *Steak and Kidney Pie* ist. Die Engländer lieben Pasteten, ob süß oder würzig. Besonders geschätzt werden die *Pork and Apple Pie* (mit Schweinefleisch und Äpfeln), die *Chicken and Leek Pie* (mit Huhn und Lauch), die *Eel Pie* (Aalpastete), *Goose Pie* (Gänsepastete), *Venison Pie* (Wildbretpastete), *Raised Mutton Pie* (Hammelfleischpastete) usw.

Schon gewußt, daß der Käse stets nach dem Nachtisch (*Sweet* oder *Dessert* je nach sozialer Schicht genannt) gegessen wird?

Wer keine Magenbeschwerden kennt, sollte die berühmten *Fish and Chips*-Küchen versuchen, die sich auf fritierte Fischkrapfen (Seezunge, Seehecht, Schellfisch) und Kartoffeln zum Mitnehmen verlegt haben. In einem *Fish and Chips* schwimmt alles im Fett, wundervoll »soggy«, die Chips, deshalb sollte man sich als Kunde in Acht nehmen, um nicht unversehens auszurutschen, wenn man den Laden mit seinem in Zeitungspapier eingewickelten Päckchen verläßt. Feinere Leute verachten diese ordinären Genüsse und speisen lieber im *Cafe* (das wie »Käffi« ausgesprochen wird), das »kontinentale« oder traditionelle Gerichte bietet.

Nach alter Sitte endet ein Mahl mit einer Tasse heißer, dickflüssigen Schokolade, die man kurz vor dem Einschlafen zwecks Einstimmung auf süße Träume einnimmt ...

Drinks

Tee

Ein rechtschaffener Tag beginnt mit dem *Early Morning Tea*, mit einem *Nice, strong Cuppa*, was soviel heißt – wenn man zur *Working Class* gehört – wie ein Becher Tee, der so schwarz sein muß wie Kaffee, also furchtbar stark. Am verbreitetsten ist die Sorte »P.G. tips«, und wer solches Gebräu trinkt, verschmäht jeden anderen Tee als zu *fancy*, nämlich zu extravagant und lasch. Wie jedes heiße Getränk wird der Tee meistens aus *Mugs* geschlürft.

Die Zubereitung des unnachahmlichen englischen Tees bleibt für viele begeisterte Tee-Amateure ein Rätsel. Man braucht dazu einen Wasserkessel *(Kettle)*. Früher stand er auf dem Ofen, heute ist er meist elektrisch. Die Engländer nehmen ihn oft mit auf Reisen und haben nicht das geringste Verständnis für Ausländer, die anstelle dieses unentbehrlichen Utensils womöglich einen einfachen Topf benutzen, der womöglich noch anderen Zwecken dient ... Zweitens muß die Teekanne mit kochendem Wasser ausgespült werden. Drittens wird der Tee abgemessen, und zwar ein Löffel pro Person und ein zusätzlicher für die Kanne. Viertens wird das noch kochende Wasser in die Teekanne geschüttet (daher die geheiligte Regel *»You must always bring the pot to the kettle«* – die Kanne muß zum Wasserkessel gebracht werden, nicht umgekehrt). Wenn Sie dies

alles beachtet haben, und der Tee trotzdem nicht genauso schmeckt wie in England, dann muß es am Wasser liegen.
Auf die Frage *»How do you want it?«* (Wie hätten Sie ihn gerne?) antwortet man entweder *»Black«* oder *»White«* (schwarz oder mit Milch) und *»With«* oder *»Without«* (mit oder ohne Zucker). Die Person, die Ihrem Wunsch nachkommt, mahnt noch: *»Say when«*, und Sie sagen dann *»When«*, wenn Sie genug haben.

Kaffee

Nach dem ersten Tee frühmorgens gibt es etwas später beim Frühstück auch Kaffee – ein äußerst dünnes Gebräu, zum größten Bedauern aller Nicht-Engländer. Auch hier besteht die Wahl zwischen *Black, White, With* und *Without*. Achtung: als *Coffee* wird auch »Nescafé« und anderer Pulverkaffee bezeichnet.

Bier

In den *Pubs* ist das Wort *Beer* fast ein Fremdwort. Hier gibt es *Ale*, und man bestellt entweder *Lager (Ale)* – also leichtes Bier – oder *Bitter (Ale)*. Wer dunkles Bier wünscht, gibt die Marke an: Guinness, Porter usw. Ein Bier mit Limonade heißt *Shandy*, was es als *Lager Shandy* und *Bitter Shandy* gibt. Das Biermaß ist eine Pinte oder eine halbe Pinte. In England ist Bier immer warm und möglichst schaumlos, da die Flüssigkeit überschwappen muß.
Oft wird Gin ins Bier geschüttet, was entweder *Gin lager* oder *Gin bitter* ergibt.

Wein

Jeder kennt die Vorliebe der Engländer einer bestimmten Gesellschaftsschicht für gute, hervorragende Weine, was wohl aus der Zeit herrührt, als England und Aquitanien noch verbunden waren. Der durchschnittliche Weintrinker in England bevorzugt indessen Weißwein und konsumiert vor allem preiswerten Wein deutscher Herkunft, sogenannten *Hock*.

Als *Claret* (Klaren) bezeichnen die Engländer Bordeaux-Weine. Diese wurden früher hauptsächlich importiert, weil der Seeweg kürzer war und der Wein sich gut für den Transport eignete. Er kam im Unterschied zu anderen Weinen *uncloudy* (ungetrübt) an.

Sherry ist die englische Form für das spanische »Xeres«. Als Aperitifwein gibt es den Sherry *dry, very dry, medium* und *sweet.* Zum *Sherry* benötigt man *Sherry-Glasses.*

Brandy wird jeder Schnaps genannt, vor allem aber Kognak. Zum *Brandy* braucht man natürlich *Brandy Glasses*.

Ein Gläßchen *Port* wird traditionell zum Abschluß einer Mahlzeit getrunken. Noch heute ist es in »guter« Gesellschaft üblich, daß die Damen die Tischrunde verlassen, um sich »die Nase zu pudern«, während die Männer sitzenbleiben, um Portwein zu trinken, Zigarren zu rauchen und über ernsthafte Dinge zu reden, etwa über den jüngsten Cricket-*Test Match* oder über das skandalöse Gerücht, wonach die Krawattenfarbe ihrer ehemaligen Schule geändert werden soll ... *Port* wird übrigens aus *Port-Glasses* getrunken. Wer hätt's gedacht?

Do it yourself. Heutzutage stellen viele Leute selber Bier, Wein oder Likör mit Fertigmischungen her. Tun Sie's lieber nicht!

Feste und andere rituelle Ereignisse

Die BTA veröffentlicht in regelmäßigen Abständen eine umfangreiche Aufstellung aller Jahrestage und Zeremonien, Volksfeste und Jahrmärkte, Ausstellungen, Festspiele, Groß- und Sportveranstaltungen: *Britain Events*. Bis auf einige einführende Bemerkungen in deutscher Sprache muß man allerdings seine Englischkenntnisse bemühen.

Täglich

Einige Rituale finden täglich statt, zum Beispiel die *Wachablösung* vor dem Buckingham-Palast (11.30 Uhr) und in Whitehall (11 Uhr). Die Schlüsselzeremonie im Londoner Tower um 21.50 Uhr ist nichtöffentlich.

Januar

6.1.: Hl. Drei Könige: Um 11.30 Uhr nimmt die Königin an der *Messe* in der königlichen Kapelle von St. James's Palace teil.
6.1.: Baddeley Cake: Der Schauspieler Robert Baddeley vermachte 1795 dem Theater an der Drury Lane einen Geldbetrag für Kuchen, den die Truppe jedes Jahr am Dreikonigstag nach der Aufführung bekommen sollte. Diesem Wunsch wird noch immer mit Vergnügen entsprochen!
30.1.: Gedenkfeier für Karl I.: An diesem Tag wird sein Denkmal in der Nähe des Bahnhofs Charing Cross mit Blumengirlanden in Erinnerung an seine Hinrichtung geschmückt.

Februar

6.2.: Jahrestag der Krönung von Elisabeth II.: Die Royal Horse Artillery marschiert von Hyde Park bis zum Tower und feuert eine Kanonensalve für die Königin ab.

Chinesisches Neujahr: Festakt in der kleinen *Chinatown* in Soho mit einem Papierdrachen-Umzug usw.
Fasching: Um 11 Uhr Pfannkuchen-Wettbewerb der Köche und Hausfrauen in Lincoln Inn Fields.

März

Orangenmesse: Nach dem Gottesdienst in St. Clement Danes (Strand) um 15 Uhr erhalten die Kinder Orangen und Zitronen in Erinnerung an den bekannten Abzählvers:

Oranges and lemons
Say the bells of St. Clement
I owe you five farthings
Say the bells of St. Martin's
When will you pay me?
Say the bells of Old Bailey
When I grow rich
Say the bells of Shoreditch ...

Orangen und Limonen
Rufen die Glocken von Sankt Klemens
Ich schulde dir fünf Heller
Rufen die Glocken von Sankt Martin
Wann krieg'ich sie wieder?
Fragen die Glocken von Old Bailey
When ich mal reich bin
Sagen die Glocken von Shoreditch ...

21. Frühlings-Tagundnachtgleiche (Sonnewende): Versammlung der Druiden auf Tower Hill.

April

Ruderwettbewerb der Mannschaften von Oxford und Cambridge auf der Themse, zwischen Putney und Morlake.
Karfreitag: Verschiedene Zeremonien finden an diesem Tag

statt. Im Pub The Widow's Son (Devons Road) wird ein frischer Brotlaib an die Decke gehängt zu Ehren einer Seefahrerfrau, die jeden Tag buk in Erwartung der unwahrscheinlichen Rückkehr ihres Mannes.
Ostersonntag: Parade am Londoner Tower. Die *Yeomen* der Turmwache werden vom Gouverneur inspiziert auf dem Weg zur königlichen Kapelle.
Ostermontag: vormittags im Regent's Park *Umzug der Bierbrauer* auf traditionellen Fuhrwerken.
Zweiter Mittwoch nach Ostern. Spital Sermon: An der feierlichen Messe in St. Lawrence nehmen alle Persönlichkeiten der City in Festgewändern teil.
21. Geburtstag der Königin: Umzüge und Paraden, ähnlich wie am Jahrestag der Krönung.

Mai

Marathon, Anfang Mai.
Finale des *Fußballcups* in Wembley, Mitte Mai.
Himmelfahrt: Die Zeremonie *Beating the Bounds* findet in mehreren Kirchengemeinden statt, insbesondere in der königlichen Kapelle im Londoner Tower. Die Meßdiener klopfen auf die Grenzsteine der Gemeinden und sagen Gebete her.
Royal Academy Exhibition: Eröffnung der jährlichen Ausstellung in der Royal Academy in Piccadilly, die bis September dauert.
Chelsea Flower Show: Blumenmarkt und Defilee eleganter und exzentrischer Kostüme.

Juni

Beating of the Retreat: Militärparade auf der Horse Guard Parade.

4. Pepys Service: Gedenkgottesdienst mit Barockmusik für Samuel Pepys in St. Olave.

Zweiter Samstag *Trooping the Colour:* »Offizieller« Geburtstag des Monarchen. Spektakuläre Geburtstagsfeierlichkeiten zu Ehren der Königin mit großem Umzug und Militärparade in historischen Uniformen vor »Her Royal Highness«.

Epson-Derby, Anfang Juni.

Antiquitätenmesse im Grosvenor-Hotel in London, Mitte Juni. *Royal Ascot,* Mitte Juni, noch eleganteres Pferdespektakel als in Epson.

Tennisturnier in Wimbledon, Ende Juni/Anfang Juli. Näheres in der Broschüre *Forthcoming Events* im nächsten Fremdenverkehrsamt.

City of London Election: um den 22. feierliche Wahl aller Würdenträger der City (insbesondere der *Sheriffs*) in der Guildhall.

29. St. Peter's Day: der Legende zufolge rettete ein Fischer einen Fremden. Dieser stellte sich als Sankt Petrus vor und bat ihn, den ersten Fisch seines Fangs dem Bischof von London darzubringen. Seither veranstalten die Fischhändler jedes Jahr eine Zeremonie, um dem *Dean* (Dekan) und dem Klosterkapitel in Westminster einen Lachs zu überreichen.

Juli

Wimbledon: Internationales Tennisturnier.

Internationales *Reitturnier* in Wembley.

Ruderregatta bei Henley, Anfang Juli.

Zweite Woche. Swan Upping: Die bunten Mannschaften der *Livery Companies* rücken vom Embankment aus, um die jungen Schwäne zu kennzeichnen, die ihnen gehören.

Wettrudern von Doggett's Coat, Badge u. der London Bridge bis Chelsea.

Königliche Rosenschau bei Schloß Windsor.
Sound & Light-Show an der St. Paul's Kathedrale.

Juli-September

Henry Wood Promenade Concerts (Proms): Populäre Klassik-Konzerte in der Royal Albert Hall von Juli bis September. Das Programm ist an jedem Kiosk erhältlich. Das stets zahlreiche und gutgelaunte Publikum klatscht den Takt und singt die bekanntesten *Standards* mit *(Land of Hope nad Glory, Pomp and Circumstance* usw.).
Windhundrennen »*The Laurels*« bei Wimbledon.
Nationale *Bowlingmeisterschaften*, Watney's Sport Club. In London.

September

22. oder 23. Herbst-Tagundnachtgleiche: Versammlung der Druiden in Hampstead.

29. Wahl des Lord Mayor: Londons Bürgermeister wird in aller Regel am St. Michaelstag während einer Zeremonie in der Guildhall gewählt. Die verschiedenen *Companies* der City betreten den Saal jeweils durch eine besondere Tür.

Oktober

Quit Rents Ceremony (Royal Courts of Justice, Strand): Die City ist seit Jahrhunderten von den königlichen Steuern befreit. Zum Ausgleich entrichtet sie als symbolischen Obulus ein stumpfes Beil und eine scharfe Axt. Der Anwalt der Korporation versucht, mit dem Beil ein Rundholz zu spalten. Dies gelingt aber nur mit der Axt. Beide Werkzeuge werden anschließend dem *Royal Remembrance* anvertraut, der die Krone repräsentiert. Damit hat die Korporation ihre Schuld für ein Jahr beglichen.

1. Beginn der Gerichtsperiode: besonderer Gottesdienst für die Richter und Staatsanwälte in Westminster; anschließend ein Umzug in die City.
Erster Sonntag. Costermonger's Harvest Festival: Umzüge der *Pearly Kings* und *Queens* in Festtracht in der Nähe der Kirche St. Martin-in-the-Fields auf Trafalgar Square.
21. Trafalgar Square Day: Gedenkveranstaltung an den Sieg über Napoleon auf Trafalgar Square (Nelson-Denkmal).

November

Opening of Parliament: Feierliche Eröffnung der parlamentarischen Sitzungsperiode. Die Königin fährt in einer Kutsche zum Oberhaus und übernimmt an diesem Tag den Vorsitz.
5. Guy Fawkes Night: Knallfrösche und Feuerwerk aus Freude über das Scheitern der »Pulver-Verschwörung« (gunpowder plot).
Zweiter Samstag. Lord Mayor's Show: großer Umzug des neuen Bürgermeisters von Guildhall zu den Law Courts, wo er vereidigt wird.
Zweiter Sonntag. Remembrance Day: Vormittags paradiert die Armee in Whitehall vor der Königin, dem Ministerpräsidenten und den Vertretern des Commonwealth, zu Ehren der ehemaligen Soldaten.

Dezember

Dickens Drive: Umzug auf Rädern von Dickens Haus in der Doughty Street zu St. Peter's am Eaton Square; später Pantomimetheater.

Wichtige historische Daten

– 60 v.Chr. Gründung des römischen London nach der Niederlage von Königin Boadicca.
– 55 v.Chr. Julius Cäsar landet in Großbritannien. Ausbreitung der römischen Herrschaft.
– 43 v.Ch. Sieg der Römer an der Themse und Belagerung von Südostengland.
– 200 Bau der römischen Festungsmauern um London.
– 410 Abzug der Römer, Herrschaft der Angeln und der Sachsen.
– 836 Die Wikinger plündern London, weitere Vorstöße Ende des 9. Jhs.
– 1052 König Eduard der Bekenner zieht sich in die Londoner City zurück und läßt sich im Westen nieder. Bau des Benediktinerklosters »Westminster« (Kirche im Westen).
– 1066 (ten sixty-six) Niederlage von Harold II. in Hastings. London wird belagert und eingenommen. Eindringen der Normannen unter König Wilhelm dem Eroberer, Herzog der Normandie, der Wilhelm I. von England wird. Innerhalb weniger Jahre vollziehen die Normannen die Eroberung.
– 1096 Wilhelm II. beginnt mit dem Bau des Londoner Towers und der ersten Westminster Hall.
– 1120 König Heinrich I. ermächtigt die City zur Steuererhebung und Gouverneurswahl.
– 1215 die verbündeten normannischen und sächsischen Lehnsherren trotzen dem Königshaus eine Anzahl von Rechten ab. Die Londoner Statuten werden in die Charte von König Johannes *(Magna Carta)* aufgenommen. Bestätigung der Autorität des von den *Aldermen* (Repräsentanten der Handelsgilden) gewählten *Lord Mayor*.
– 1217 Bau der London Bridge, der ersten Steinbrücke.
– 1269 Neues Westminster-Kloster.

– 1338 Westminster wird zum Tagungsort des Parlaments.
– 1337-1475 Hundertjähriger Krieg gegen Frankreich.
– 1348 Die Hälfte der Londoner Bevölkerung fällt der Pest zum Opfer.
– 1399 London unterstützt das Parlament gegen König Richard II. Abdankung des Königs.
– 1411 Baubeginn für Guildhall.
– 1483 Ermordung der Kinder von Eduard IV. im Tower.
– 1530 Errichtung des St. James-Palastes.
– 1536 Hinrichtung von Anne Boleyn, der zweiten Frau von Heinrich VIII., im Londoner Tower.
– 1536 – 1539 Heinrich VIII. zwingt die Englische Kirche, ihn als Oberhaupt anzuerkennen, nachdem der Papst sich geweigert hatte, seine Ehe mit Anna Boleyn für ungültig zu erklären. Die englische Kirche bricht mit Rom und dem Papsttum. »Reformation« und Abschaffung der Klöster.
– 1563 ein neues »Glaubensbekenntnis« begründet unwiderruflich die Anglikanische Kirche.
– 1587 Hinrichtung von Maria Stuart, Englands Thronerbin, die der Verschwörung gegen die englische Königin Elisabeth beschuldigt wurde.
– 1599 Burbage gründet das Globe Theatre am Südufer, wo die Schauspiele von William Shakespeare aufgeführt werden.
– 1600 Gründung der Ostindiengesellschaft
– 1605 Die »Pulver-Verschwörung« von Guy Fawkes gegen das Parlament und die Königsfamilie scheitert.
– 1635 Der Bau des Viertel Covent Garden wird abgeschlossen.
– 1642 London finanziert das Parlament während des Bürgerkriegs.
– 1649 Erste Revolution, Hinrichtung von Karl I. durch Enthauptung, ein Schicksal, das noch zahlreiche Herrscher

nach ihm ereilen sollte. Schaffung des Commonwealth, republikanische Diktatur Oliver Cromwells.

– 1650-1651 Schottland wird in der Folge von Cromwells Sieg an das neue Commomwealthreich angeschlossen.

– 1660 Die Kaufleute unterstützten die Restauration unter Karl II.

– 1665 Die Große Pest mehr als 100.000 Tote.

– 1666 Der Große Brand *(Great Fire)* fordert nur ein Dutzend Menschenleben, zerstört aber den größten Teil der City. Wiederaufbau in Stein. Wren Wren übernimmt den Wiederaufbau der Stadt und errichtet zahlreiche Kirchen, darunter die Kathedrale St. Paul.

– 1679 Das Parlament verabschiedet die *Habeas-Corpus-Akte* zur Sicherung der persönlichen Freiheit der Bürger.

– 1688 zweite Revolution.

– 1689 Erklärung der Menschenrechte.

– 1692 Fertigstellung des von Christopher Wren entworfenen Chelsea Hospital.

– 1707 Endgültige Vereinigung der beiden Königreiche England und Schottland.

– 1713 Der Frieden von Utrecht sichert England die Vorherrschaft über das Meer.

– 1750 Bau der Westminster-Brücke.

– 1753 Eröffnung des British Museum.

– 1774 John Wilkes wird Bürgermeister von London.

– Anfang 19. Jh. Brutale Unterdrückung zahlreicher Volksaufstände.

– 1820 Anlage des Regent's Park und des West End.

– 1824 Eröffnung der National Gallery.

– 1834 Der ehemalige Parlamentspalast brennt ab.

– 1837 Königin Victoria wird Königin von England. Entstehung der Chartistenbewegung unter Führung von Disraeli, die gleiches Wahlrecht für alle fordert.

– 1839 Errichtung des Buckingham Palace und der Mall durch Nash auf Befehl des Regenten.
– 1839 Bau der neuen Parlamentsgebäude nach den Plänen von Sir Charles Barry.
– 1851 Weltausstellung im Crystal Palace. In Kensington werden Museen der Naturwissenschaft gebaut.
– 1852 Errichtung des Victoria and Albert Museum in Kensington.
– 1863 Inbetriebnahme der ersten U-Bahn (Metropolitan Line).
– 1873 Eröffnung des Kensingtoner Naturkundemuseums.
– 1876 Victoria wird Kaiserin von Indien.
– 1884 Wahlreform. Einführung des nahezu allgemeinen Wahlrechts, das nun auch auf die Masse der Arbeiterschaft ausgedehnt wird.
– 1889 Gründung des London County Council.
– 1893 Bau der Tate Gallery.
– 1900 Vier neue U-Bahn-Linien, Gründung der Labour Party.
– 1914 Die britische Regierung verbündet sich mit Frankreich gegen das deutsche Kaiserreich.
– 1921 Errichtung der Irischen Republik als selbständige Dominion im Rahmen des Britischen Reiches.
– 1936 Unruhen und Straßenkämpfe nach Demonstrationen der Anhänger des Faschisten Oswald Moseley in den jüdischen Vierteln.
– Sept. 39 Frankreich und Großbritannien erklären Hitlerdeutschland gemeinsam den Krieg.
– 1940 Winston Churchill wird Chamberlains Nachfolger. »Blitzkrieg« Bomben legen City und East End in Schutt und Asche.
– 1945-1951 Labour-Regierung unter Führung Atlees, durch Verstaatlichungen und einschneidende Sozialmaß-

nahmen gekennzeichnet.
– 1947 Indien wird unabhängig.
– 1951 Bau der Hallen am South Bank: Royal Festival Hall.
– 1952 Elisabeth II. wird Königin von England.
– 1958 Rassenunruhen nach der Masseneinwanderung von Angehörigen der Commonwealthländer. Krawalle und Gewalttätigkeiten zwischen den verschiedenen ethnischen Gruppen in Notting Hill.
– 1965 Gründung des Greater London Council, der zur Hochburg der radikalen Linken wird und die Sozialdienste entwickelt.
– 1971 Beitritt Großbritanniens zur Europäischen Gemeinschaft.
– 1974-1979 Labour-Regierung unter J. Callaghan.
– 1979 Die Konservativen mit Margaret Thatcher übernehmen die Macht.
– 1980 Modernisierung des Viertels Covent Garden.
– 1981 Soziale Unruhen in Brixton, Aufstände von Einwanderern und Arbeitslosen in London. Teilreprivatisierungen in einigen Wirtschaftssektoren.
– 1982 Fertigstellung der Thames Barrier gegen Überflutung.
– 1984 Bergarbeiterstreik.
– 1985 Unterdrückung des Greater London Council durch das konservative Parlament. Unruhen in Birmingham.
– Dezember 1986 11,7% der erwerbsfähigen Bevölkerung sind arbeitslos.
– 1987 zum dritten Mal gewinnen die Konservativen unter Führung der Eisernen Lady die Parlamentswahlen.
– 1990 Ende der Ära Thatcher. Margret Thatcher muß auf Druck einen eher europäischen Kurs steuernden innerparteilicher Oppositon und wachsender Widerstandes ob ihrer

Steuerpolitik zugunsten von John Major zurücktreten.
– 1990/91 Major vermag wegen seiner Haltung im Golfkrieg, in den Großbritannien aktiv eintritt, die Sympathie der meisten Briten zu gewinnen.
– 1991 Bei Nachwahlen müssen die Konservativen jedoch hohe Verluste einstecken, so daß Major die verhaßte »poll tax«, Hauptgrund für Maggie Thatchers Sturz, endlich abschafft. Immer deutlicher wird eine grundlegende Kurskorrektur, vor allem in der Sozial-, Steuer- und Europapolitik. So wird ein Notprogramm für die zahlreichen Obdachlosen auf die Beine gestellt, Steuererleichterungen für Besserverdienende werden gestrichen und das gute Verhältnis zu Deutschland wird betont.

Liste der »Blauen Tafeln« (Merktafel an Gebäuden)

Arnold, Matthew
(1822 – 1888)
2, Chester Square
Westminster

Asquith, Herbert Henry
(1852 – 1928)
20, Cavendish Square
Westminster

Berlioz, Hector
(1803 – 1869)
58, Queen Anne Street
Westminster

Browning, Elizabeth
(1806 – 1861)
99, Gloucester Place
Westminster

Byron, George Gordon
(1788 – 1824)
8, St. James Street
Westminster

Canaletto
(1697 – 1768)
41, Beak Street
Westminster

Collins, Wilkie
(1824 – 1889)
65, Gloucester Place
Westminster

Constable,John
(1776 – 1837)
40, Well Walk
Camden

Cruikshank, George
(1792 – 1878)
263, Hampstead Road
Camden

Darwin, Charles
(1809 – 1882)
University College
Gower Street
Camden

Defoe, Daniel
(1660 – 1731)
95, Stoke Newington
Church Street
Hackney

Dickens, Charles
1812 – 1870)
48, Doughty Street
Camden

Disraeli, Benjamin
(1804 – 1881)
19, Curzon Street
Westminster

Elgar, Sir Edward
1857 – 1934)
51, Avonmore Road
Hammersmith

Eliot, George Mary
Ann
(1819 – 1880)
4, Cheyne Walk
Kensington and
Chelsea

Engels, Friedrich
(1820 – 1895)
121, Regents Park Road
Camden

Faraday, Michael
(1791 – 1867)
48, Blandford Street
Westminster

Fawcett, Millicent Garrett
(1847 – 1929)
2, Gower Street
Camden

Fielding, Henry
(1707 – 1754)
19-20, Bow Street
Westminster

Flaxman, John
(1755 – 1826)
7, Greenwell Street
Westminster

Franklin, Benjamin
(1706 – 1790)
36, Craven Street
Westminster

Freud, Sigmund
(1856 – 1939)
20, Maresfield Gardens
Camden

Füssli, Heinrich
(1741 – 1825)
37, Foley Street
Westminster

Gainsborough, Thomas
(1727 – 1788)
82, Pall Mall
Westminster

Galsworthy, John
(1867 – 1933)
Grove Lodge
Hampstead Grove
Camden

Gandhi, Mahatma
(1869 – 1948)
Kingsley Hall
Powis Road
Tower Hamlets

Garrick, David
(1717 – 1779)
Garrick's Villa
Hampton Court Road
Richmond-upon-Thames

Gaskell, Elizabeth
(1810 – 1865)
93, Cheyne Walk
Kensington and Chelsea

Gibbon, Edward
(1737 – 1794)
7, Bentinck Street
Westminster

Gissing, George
(1857 – 1903)
33, Oakley Gardens
Kensington and Chelsea

Gladstone, William Ewart
(1809 – 1898)
11, Carlton House Terrace
Westminster

Gounod, Charles
(1818 – 1893)
15, Morden Road
Blackheath, Greenwich

Händel, Georg
Friedrich
(1685 – 1759)
25, Brook Street
Westminster

Hardy, Thomas
(1840 – 1928)
172, Trinity Road
Tooting
Wandsworth

Hawthorne, Nathaniel
(1804 – 1864)
4, Pond Road
Blackheath, Greenwich

Heine, Heinrich
(1797 – 1856)
32, Craven Street
Westminster

Herzen, Aleksandr
(1812 – 1870)
1, Orsett Terrace
Westminster

James, Henry
(1843 – 1916)
34, De Vere Gardens
Kensington and Chelsea

Johnson, Samuel
(1709 – 1784)
17, Gough Square
Westminster

Keats, John
(1795 – 1821)
Keats'House'
(Wentworth Place)
Keats Grove
Camden

Keynes, John Maynard
(1883 – 1946)
46, Gordon Square
Bloomsbury
Camden

Kipling, Rudyard
(1865 – 1936)
43, Villiers Street
Westminster

Lawrence, David
Herbert
(1885 – 1930)
1, Byron Villas
Vale of Health
Camden

Lawrence, Thomas
Edward
Lawrence von Arabien
(1888 – 1935)
14, Barton Street
Westminster

Lloyd George, David
(1863 – 1945)
3, Routh Road
Wandsworth

Macaulay, Thomas
Babington
(1800 – 1859)
Holly Lodge (Atkins
Buildings)
Queen Elizabeth College
Camden Hill
Kensington and Chelsea

Mallarmé, Stéphane
(1842 – 1898)
6, Brompton Square
Kensington and
Chelsea

Mansfield, Katherine
(1888 – 1923)
17, East Road
Camden

Marx, Karl
(1818 – 1883)
28, Dean Street
Westminster

Mill, John Stuart
(1806 – 1873)
18, Kensington Square
Kensington and Chelsea

Millais, Sir John
Everett
(1829 – 1896)
2, Palace Gate
Kensington and
Chelsea

Mondrian, Piet Cornelis
(1872 – 1944)
60, Parkhill Road
Camden

Morse, Samuel
(1791 – 1872)
141, Cleveland Street
Westminster

Mozart, Wolfgang
Amadeus
(1756 – 1791)
180, Ebury Street
Westminster

Nelson, Horatio
(1758 – 1805)
147, New Bond Street
Westminster

Newton, Sir Isaac
(1642 – 1727)
87, Jermyn Street
Westminster

Nightingale, Florence
(1820 – 1910)
10, South Street
Westminster

Palmerston, Henry
(1784 – 1865)
4, Carlton Gardens
Westminster

Pepys, Samuel
(1633 – 1703)
12, Buckingham Street
Westminster

Pitt, William
(1708 – 1778)
10, St. James's Square
Westminster

Romney, George
(1734 – 1802)
Holy Bush Hill
Camden

Rossetti, Dante Gabriel
(1828 – 1882)
16, Cheyne Walk
Kensington and Chelsea

Ruskin, John
(1819 – 1900)
26, Herne Hill,
Norwood
Lambeth

Shaw, George Bernard
(1856 – 1950)
29, Fitzroy Square
Camden

Sheridan, Richard Brinsley
(1751 – 1816)
14, Savile Row
Westminster

Smollett, Tobias George
(1721 – 1771)
16, Lawrence Street
Kensington and Chelsea

Stephen, Virginia
Virginia Woolf
(1882 – 1941)
29, Fitzroy Square
Euston Road
Camden

Strachey, Lytton
(1880 – 1932)
51, Gordon Square
Camden

Swinburne, Algernon Charles
(1837 – 1909)
11, Putney Hill
Wandsworth

Tagore, Rabindranath
(1861 – 1941)
3, Villas on the Heath
Vale of Health
Camden

Thackeray, W. Makepeace
(1811 – 1863
2, Palace Green
Kensington and Chelsea

Trollope, Anthony
(1815 – 1882)
39, Montagu Square
Westminster

Van Gogh, Vincent
(1853 – 1890)
87, Hackford Road
Lambeth

Vaughan Williams, Ralph
(1872 – 1958)
10, Hanover Terrace
Regent's Park
Westminster

Wells, Herbert George
(1866 – 1946)
13, Hanover Square
Westminster

Wilde, Oscar
(1854 – 1900)
34, Tite Street
Kensington and
Chelsea

Yeats, William Butler1
(1865 – 1939)
23, Fitzroy Road
Camden

Whistler, James Abbott
(1834 – 1903)
96, Cheyne Walk
Kensington and Chelsea

Woolf, Leonard und
Virginia
Hogarth House
Paradise Road
Richmond

Bibliographie

Bücher über London

Achim Kraemer: London Preiswert. Einkaufen – Unterhaltung – Übernachten, interconnections Freiburg.

Heide Carstensen: London, Merian-Verlag München.

Anita Frei: London, Elster-Verlag Baden-Baden.

Susan Grossman: London, Humboldt-Taschenbuchverlag, München.

Klaus Barisch/Peter Sahla: London, DuMont Buchverlag Köln.

Fritz Wuth/Chris Gatz/Heidede Carstensen: London, dtv München.

London von A – Z, Compact-Verlag München.

Marianne Mehling (Hg): London und Umgebung, Knaur-Verlag München.

Edith Beleites/Greta Sykes: London, VSA-Verlag Hamburg.

London-Reiseführer, Polyglott-Verlag München.

Friedrich Müller: London sehen – erleben – genießen, R. Pfützner GmbH München.

Alternative London, Otherwise Press.

Diana Stephenson: The Bookshops of London, Roger Lascelles.

Children's Guide to London, Collins.

Nikolaus Pevsner: The Buildings of London, Penguin.

Romane

Jane Austen: Emma, Insel 1981

James Boswell: Dr. Samuel Johnson. Leben und Meinungen, Diogenes 1990

Elizabeth Bowen: Der dämonische Liebhaber, Klett/Cotta 1984

Anita Brookner: Hotel du Lac, Langenscheidt-Longman 1984

Wilkie Collins: Die Frau in Weiß, Fischer 1987

Daniel Defoe:
Die Pest zu London, Insel 1983
Glück und Unglück der berühmten Moll Flanders, Reclam

Charles Dickens:
David Copperfield, Diogenes 1986
Oliver Twist, Diogenes 1985
Bleak House, Insel 1988
Barnaby Rudge, Winkler 1963
Weihnachtserzählungen, dtv klassik 1989

Arthur C. Doyle: Die Abenteuer des Sherlock Holmes, Reclam

Henry Fielding: Tom Jones. Die Geschichte eines Findlings, Winkler 1979

Edward M. Forster: Maurice, Goldmann 1990

Henry James:
Die Flügel der Taube, Ullstein 1985
Die goldene Schale, Ullstein 1984

Doris Lessing:
Das goldene Notizbuch, Fischer 1983
Die viertorige Stadt, dtv 1989

Alison Lurie: Varna oder imaginäre Freunde, Diogenes 1988

George Orwell: Erledigt in Paris und London, Diogenes 1978

Samuel Pepys: Tagebuch aus dem London des 17. Jahrhunderts, Reclam

Robert L. Stevenson: Dr. Jekyll und Mr. Hyde, Diogenes 1990

William Makepeace Thackeray: Jahrmarkt der Eitelkeit, Insel 1980

Oscar Wilde: Das Bildnis des Dorian Gray, Insel 1985

Virginia Woolf:
Mrs. Dalloway, Fischer 1989
Gesammelte Werke, Fischer 1989-90

Filme

Marcel Carné: Sonderbarer Fall, 1937
Robert Hamer: Whitechapel, 1948
John Bryan: Oliver Twist, 1948
Roy Boulting: Eine Stadt hält den Atem an, 1950
Charlie Chaplin: Rampenlicht, 1952
George Cukor: My Fair Lady, 1963
Joseph Losey: Der Diener, 1963
Michelangelo Antonioni: Blow up, 1966
Billy Wilder: Das Privatleben des Sherlock Holmes, 1970
Franc Roddam: Quadrophenia, 1978

Jerzy Skolimowski: Schwarzarbeit, 1982
Stephen Frears: Mein wunderbarer Waschsalon, 1985

Theater

John Osborne: Blick zurück im Zorn, 1956
Harold Pinter: Geburtstagsfeier, 1958
Shelagh Delany: Bitterer Honig, 1958
John Arden: Der Tanz des Sergeanten Musgrave, 1959
Harold Pinter: Der Hausmeister, 1959
Arnold Wesker: Die Küche, 1960
Joan Littlewood: Oh what a lovely war, 1963
Joe Orton: Seid nett zu Mr. Sloane, 1964
Edward Bond: Gerettet, 1967
Tom Stoppard: Rosenkranz und Güldenstern sind tot, 1967
David Storey: Zur Feier des Tages, 1969
Peter Shaffer: Equus, 1973
Tom Stoppard: Travesties, 1974
Harold Pinter: Niemandsland, 1975
Peter Shaffer: Amadeus, 1979

2, Blick v. der Royal Exchange
15, Devil on Cornhill
16, Kamin, Court Room, Watermen & Lightermen's Hall
19, D. Lessing
22, Milchflaschen
23, Klassengegensätze
26, Pagode Kew Gardens
28, Straßenszene Bobbies
30, Temple Bar, Grenze zw. Cities of Westminster u. London
33, »Der Erschröckliche Brandt 1666«
35, St. Paul's
37, Luftangriff Sloane Square
39, Geschäftsleute
40, St. Bridge's
47, Magog
45, Lord Mayors Show, BTAS
46, Lord Mayors Show, BTAS
52, Lloyd's, BTAS
54, Smithfield Market
55, Leadenhall Market
56, St. Bartholomew's
60, Richter
61, Middle Temple Lane
64, Bank of England v. Bank Underground
68, Lloys, Underwriting Room, BTAS
70, HMS Belfast und Tower, BTAS
75, Puch & Judy, Covent Graden
76, Shoppers in Covent Garden
78, Liebespaar
81, Westminster Hall um 1808
84, Guy Fawkes Day
93, Wachmann in Whitehall

BTA: mit freundl. Genehmigung des Brit. Fremdenverkehrsamtes, 6000 Frankfurt
Umschlag: Westminster Bridge, John Anderson, 1872